Hamster halten

Ratgeber zur artgerechten Haltung

Beschäftigung

Futter

Gehege

Pflege

Krankheiten

Verhalten

von Anne Davidek

1. Auflage

Inhaltsverzeichnis

Hamster

Hamster sind klein und sehen verzückend aus. Damit begeistern sie viele Tierfreunde. Dabei sind sie kein Kuscheltier, sondern Lebewesen mit vielen Ansprüchen.

Hamster gibt es in verschiedenen Arten. Je nach ihrer Größe werden sie in **Zwerghamster, Mittelhamster und Großhamster** eingeteilt. Die Mittelhamster gehören der Ordnung der Nagetiere, der Unterordnung der Mäuseverwandten und der Familie der Langschwanzmäuse an. Ihre Unterfamilie ist der Hamster, die Gattung der Mittelhamster.
Von allen Hamsterarten ist der Syrische Goldhamster in unseren Breiten am ehesten als Haustier bekannt und beliebt. Seine ursprüngliche Heimat liegt in der fruchtbaren Hochebene von Aleppo in Nordsyrien. Im Jahr 1797 war zum ersten Mal die Rede von diesem Hamster. Jedoch wurde er erst 1839 von G. R. Waterhouse beschrieben, welcher nie eines dieser Tiere lebendig sah. 1930 fing Professor Aharoni einige der Tiere ein, vermehrte sie weiter und bot sie Universitäten und Zoos an. Nach weiteren 15 Jahren wurde in England der erste Hamsterclub gegründet. Nachkommen von den einst eingefangenen Hamstern kamen dann 1949 nach Deutschland. Auch heutzutage werden Hamster noch als Haustiere gehalten. Wild lebende Exemplare sind lediglich die Großhamster, Feldhamster.

Wildleben

Der natürliche Lebensraum des Hamsters ist das freie Feld. Dort ernährt er sich von dem, was die Menschen für sich anbauen. In seiner Heimat ist es tagsüber sehr warm und nachts etwas kühler. An diese Temperaturschwankungen hat der Hamster seinen Tagesablauf angepasst. So schläft er am Tag in einem Bau, der 40 bis 90 cm unter der Erde liegt. Nachts ist er aktiv mit der Futtersuche beschäftigt. Einen Teil des gesammelten Futters verstaut er in einer Vorratskammer. Die Vorratskammer ist die Größte von 3 bis 5 Kammern im Bau. Hier werden alle Vorräte auf- und umgeschichtet und gut belüftet. Die zweitgrößte Kammer ist die Schlaf- und Nistkammer. In ihr schläft der Hamster, zieht die Jungen groß und hält seine Winterruhe. Außerdem existiert noch eine Toiletten-Kammer, in die hinein uriniert wird. Letztere befindet sich weit entfernt von der Schlaf-/Nist- und Vorratskammer. Lediglich die trockenen Köttel werden auch bei den Vorräten sowie in den Gängen als Markierungen verteilt.

Für den Hamster ist der Winterschlaf typisch. Sinken die Außentemperaturen merkbar und werden die Tage kürzer, ziehen sich die Tiere in ihren Bau zurück. Ihre Körpertemperatur, als auch alle Körperfunktionen stellen sich auf ein Minimum ein. Allerdings schlafen die putzigen Gesellen nicht den gesamten Winter. Hin und wieder erwachen sie, um sich an ihren Futtervorräten zu stärken. Auch Hamster in Heimtierhaltung fallen manchmal (unter Umständen erst im Frühling) in den Winterschlaf. Das Tier wirkt dann wie tot. Es fühlt sich kühler an und seine Augen sind geschlossen. Ebenso können Herzschlag sowie Atmung nicht ohne Untersuchung festgestellt werden. Wer sein Tier so findet, sollte es nur vorsichtig aufwecken. Mit den Händen darf es gewärmt werden. Ein vorsichtiges Streicheln kann den Kreislauf anregen. Außerdem können dem Nagetier einige Tropfen Traubenzuckerlösung verabreicht werden. Nachdem der tierische Freund wieder zu sich gekommen ist, werden ihm wieder Futter und Wasser angeboten.

Hamster-Anatomie

Hamster können 80 bis 200 g schwer werden. Ihre Körpertemperatur beträgt 36,8 bis 38 °C, die Atemfrequenz 35 bis 135 pro Minute und die Herzfrequenz 200 bis 500 pro Minute. Außerdem haben sie einen Wasserverbrauch von 8 bis 10 ml pro 100 g Körpergewicht am Tag. Der Futterverbrauch liegt bei 10 bis 12 g pro 100 g Körpergewicht täglich. Mit 32 bis 42 Tagen beginnt die Geschlechtsreife. Gezüchtet werden sollte ab dem 65. (besser noch 70.) Lebenstag.

Zähne und Knochenbau

Vorne besitzt ein Hamster oben sowie unten je zwei ständig nachwachsende Schneidezähne. Deren Vorderseite besitzt einen sehr mineralhaltigen, pigmentierten, gelblichen Zahnbelag. Außerdem können die unteren Schneidezähne 1,5 cm oder länger werden. Die oberen Schneidezähne können wiederum bis zur Wurzel 5 bis 7 mm lang werden. Hinzu kommen noch je 6 Backenzähne, die nicht nachwachsen und kariesanfällig sind.

Bezüglich des Knochenbaus besitzen diese Mäuseverwandten ein Stirnbein und ein Nasenbein, Schulterblätter, zwei kurze und muskulöse Vorderbeine mit den Vorderpfoten, bestehend aus je 4 Zehen sowie einen zurückgebildeten Daumen. Die Rippen formen einen weiten Brustkorb. Die Wirbelsäule setzt sich aus 7 Halswirbeln, 5 Kreuzbeinwirbeln, 5 Lendenwirbeln, 13 Brustwirbeln sowie 10 Schwanzwirbeln zusammen. Ferner besitzt der

Hamster Beckenknochen und zwei Hinterläufe mit Pfoten, die jeweils 5 Zehen aufweisen. Das Skelett eines jeden Hamsters schließt distal mit den Schwanzknochen ab. Da das Skelett sehr zerbrechlich ist, muss mit Knochenbrüchen oder schlimmstenfalls sogar mit dem Tod gerechnet werden, selbst wenn das Tier nur aus geringer Höhe abstürzt. Knochenbrüche sind umgehend tierärztlich zu versorgen.

Backentaschen

Backentaschen erweitern die Maulhöhle. Ihre Öffnung befindet sich im Mund. Von diesem werden sie jedoch durch eine Haut im hinteren Bereich getrennt. Weil die Backentaschen sehr dehnbar sind, ist es dem Hamster möglich, eine ganze Tagesfutterration in ihnen zu verstauen.

Augen und Sehvermögen

Die Augen sind nur eingeschränkt für räumliches Sehvermögen ausgebildet. Denn sie liegen weit auseinander. Damit können die Tiere Entfernungen nur schwer abschätzen. Nur in der direkten Umgebung sehen sie scharf. Jedoch haben sie eine gute Rundumsicht. Bezüglich der Farben können sie gelbgrün bis blauviolett und UV-Licht wahrnehmen. Auch sind Hamster-Augen viel lichtempfindlicher als die Augen des Menschen.

Ohren und Gehörsinn

Hamster können ihre Ohren beim Schlafen zusammenfalten. Zudem ist das Gehör so gut ausgeprägt, dass sie selbst Töne im Ultraschallbereich wahrnehmen können.

Nase und Geruchssinn

Der Geruchssinn ist gut ausgeprägt. Um sich in ihrer Umgebung zurechtzufinden, markieren die Mäuseverwandten ihr Revier und ihre Wege mit Duftnoten. Ebenso wird der Besitzer beziehungsweise die Besitzerin am Geruch erkannt. Um nicht verwechselt zu werden, sollten die Menschen deshalb keine neuen Seifen oder Parfüms benutzen.

Tasthaare und Tastsinn

Über die Vibrissen (Schnurrhaare) ertasten die Nager bei Dunkelheit ihre Umgebung. Sie zeigen ihnen Hindernisse an und machen erkenntlich, ob sie irgendwo durchpassen oder nicht.

Seitendrüsen

Oberhalb der Flanken, in Richtung Rücken, besitzen Hamster Seitendrüsen. Die schwarzen, pigmentierten Talgdrüsen erscheinen in warzenartiger Optik. Sie sind oftmals mit schwarzen Haaren umgeben. Obwohl sie häufig mit Tumoren verwechselt werden, dienen sie lediglich für die Reviermarkierung.

Verdauung, Blase und Harnwege

Die Verdauung beginnt in der Mundhöhle, in welcher die Nahrung grob zerkleinert und eingespeichelt wird. Dann wandert die Nahrung über die Speiseröhre in den Magen. Im verhornten Vormagen wird das Zerkaute vermengt und mittels Mikroorganismen aufgespalten. Nach einer muskelösen Verengung kommt der Hauptmagen. Im Hauptmagen erfolgt eine Aufspaltung mithilfe unterschiedlicher Enzyme. Danach gelangt der Nahrungsbrei in den Zwölffingerdarm. Gallensekret und Sekret der Bauchspeicheldrüse übernehmen nun die Nahrungs-Verdauung. Danach werden die gelösten Futterbestandteile vom Leerdarm aufgenommen. Schließlich gelangt die Nahrung in den kurzen Hüftdarm sowie in den bakterienhaltigen, großen Blinddarm. Anschließend findet eine Weiterleitung in den s-förmigen Grimmdarm sowie in den Mastdarm statt. Im Mastdarm wird der Speisebrei von der Flüssigkeit befreit. Über die Nieren, den Harnleiter und die Harnblase werden stickstoffhaltige Endprodukte ausgeschieden.

Beine, Pfoten und Krallen

Die kleinen Nager besitzen zwei kurze und sehr kräftige Vorderbeine. An ihnen befinden sich zwei Pfötchen mit jeweils vier Zehen und einem zurückgebildeten Daumen. Die Pfötchen werden wie Hände benutzt und dienen zum Klettern und Graben, zum Putzen des Gesichts, zum Halten des Futters und dazu, die Backentaschen zu füllen bzw. zu entleeren. Die Hinterbeine sind im Vergleich zu den Vorderbeinen etwas länger. Ihre Pfoten haben fünf

Zehen und einen dickeren Fußballen, welcher für einen stabilen Halt sorgt. Auch dienen sie zur Fellpflege. Allerdings sind die Hinterpfoten nicht in der Lage, zu greifen.

Fell

Beim Fell gibt es verschiedene Farben und Varianten. So gibt es:

- Normalhaarhamster mit einem dichten, kurzen, wolligen und glatt anliegenden Fell.

- Langhaarhamster mit einem mehrere Zentimeter langen und weichen Fell. Dieses kann leicht verfilzen. Darum muss es gelegentlich gekürzt werden.

- Satinfell-Hamster mit einem kurzen, nicht wolligen, dichten und glänzenden Fellkleid. Das Satinfell kann auch kombiniert vorkommen mit Normalhaar-beziehungsweise Langhaar-Fell.

Noch mehr Möglichkeiten existieren bei den unterschiedlichen Färbungen. Einige Farbvarianten können sein:

- champagnerfarben

- cremefarben mit roten oder mit dunklen Augen

- gescheckt

- grau bzw. taubengrau

- kupferfarben
- schokoladenbraun
- schwarz
- weiß mit roten oder mit dunklen Augen
- zimtfarben

Unabhängig von der Fellfarbe haben alle Hamster jedoch die gleichen Bedürfnisse. Für wahre Tierfreunde sollte die Farbgebung des Hamsters in der Heimtierhaltung nicht unbedingt ausschlaggebend sein.

Schwanz

Hamster besitzen einen etwa 1,5 cm langen Schwanz.

Geschlechtsorgane und Geschlechtsbestimmung

Die Geschlechtsbestimmung lässt sich am besten im Direktvergleich vornehmen. Bei Weibchen liegt die Geschlechtsöffnung etwas näher an der Afteröffnung. Außerdem sind bei Weibchen die Zitzen sichtbar und bei Böcken der Hodenansatz beziehungsweise die Hoden. Ferner besitzen Männchen ein Hinterteil, das spitz zuläuft. Weibchen sind hinten hingegen mehr rundlich, mit einem breiteren Becken. Grundsätzlich ist das Geschlecht bei ausgewachsenen Tieren einfacher zu erkennen, als bei Jungtieren.

Nachwuchs beim Hamster

Viele Heimtierhalter beziehungsweise Heimtierhalterinnen wünschen sich Nachwuchs von ihrem Lieblingshaustier. Trotzdem sollte von der Nachwuchsproduktion abgesehen werden, denn es gibt genug Notfalltiere. Oftmals können die kleinen Nager nicht behalten werden. Schon nach kurzer Zeit sind sie groß und haben viele Bedürfnisse. Auch Abnehmer zu finden, ist nicht gerade einfach. Schließlich sollen die Gesellen nicht als Kinderspielzeug oder Schlangenfutter enden. Darum sind Zoogeschäfte keine guten Ansprechpartner. Auch müssen beide Elterntiere gesund und die Mutter zwischen 4 Monaten sowie 1 Jahr alt sein. Auch sind Letalfaktoren zu vermeiden, weshalb bestimmte Rassen nicht miteinander verpaart oder gekreuzt werden dürfen, sonst sind immer Komplikationen möglich. Solche bedingen vermehrte Tierarztkosten oder sogar den Tod des Muttertieres.

Paarung

Wer dennoch Nachwuchs von seinem Hamster möchte, muss abwarten, bis das Weibchen hitzig ist. Die Hitzigkeit tritt alle 4 bis 6 Tage ein. Biegt das Weibchen beim Streicheln mit der Hand den Rücken durch und hebt es das Hinterteil, so ist die Paarungsbereitschaft vorhanden. Auch stärkeres Revier-Markieren ist ein Anzeichen hierfür. Nun darf das Weibchen zu dem Bock (nicht andersherum) gesetzt werden. Danach wird das Männchen mehrmals aufreiten. Gelingt der Deckakt wegen fehlender Paarungsbereitschaft nicht, kann am Folgeabend (um etwa 22:00 Uhr) ein weiterer Versuch folgen. Nach einem erfolgreichen Deckakt zieht das Weibchen wieder in ihren Bereich.

Wer später noch einmal Nachwuchs möchte, muss das Weibchen im Zeitraum von 2 bis 4 Monaten erneut decken lassen. Nach mehr als 4 Würfen oder wenn das Tier älter als 1 Jahr ist, sollte es dann endlich seine Deck-Ruhe bekommen.

Geburt

Mit der Trächtigkeit verändert sich das Verhalten der Hamsterdame. Sie baut ein großes Wurfnest, frisst mehr und hamstert mehr Futter. Wegen des erhöhten Eiweiß- und Mineralienbedarfs sollte auf eine abwechslungsreiche Kost mit Grünfutter, Trockenfutter, Magerquark, Mehlwürmern und Eiweißfutter geachtet werden. Nach 16 bis 17 Tagen wird das Weibchen nervöser und vertreibt den Halter beziehungsweise die Halterin vom Nest. In der Nacht werden im Sitzen die durchschnittlich 4 bis 10 Welpen geboren. Jedes wird in Empfang genommen, abgenabelt, befreit von der Eihaut und trocken geleckt. Letzteres dient der Säuberung, der Anregung der Blutzirkulation und des Kreislaufs sowie zur Festigung der Mutter-Kind-Bindung.

Auch frisst die Mutter wegen des besseren Milchflusses die Nachgeburt sowie mögliche Totgeburten.

Aufzucht und Entwicklung

Die Aufzucht wird von der Hamstermutter übernommen. Sie darf in dieser Zeit nicht durch eine Reinigung der Pinkelecke, einer kompletten Gehegereinigung oder zu häufigen Menschenbesuch gestört werden. Sonst könnte sie beißen oder die Jungtiere auffressen. Die Jungtiere selbst durchlaufen folgende Entwicklungsstadien:

1. Tag: Sie kommen blind, nackt und mit lidlosen Augen zur Welt. Dabei wiegen sie etwa 3 g, sind 2,5 cm lang und ernähren sich von Muttermilch und dem mütterlichen Blinddarmkot.

2. Tag: Pigmentierungen nehmen zu.

3. Tag: Jungtiere fiepen nach ihrer Mutter.

5. Tag: Welpen fressen zum ersten Mal richtiges Futter im Nest. Ihre Haare werden sichtbar und die Kleinen unternehmen die ersten eigenen Putzversuche. Sie werden generell etwas mobiler.

8. Tag: Ohren und Augenlider sind erkennbar. Es wird selbstständig feste Nahrung gefressen. Das Gehege muss untenherum gut gesichert werden. Damit ist gemeint: Laufrad hochstellen oder entfernen, Gitter mit Pappe sichern, tiefe Wasser- und Futternäpfe durch flache Schalen ersetzen und diese hochstellen sowie Spalten verschließen.

10. Tag: Vibrissen sind komplett. Auch erkunden die Kleinen das Gehege und verspeisen gröberes Futter.

14. bis 18. Tag: Es öffnen sich die Augen. Die Tiere putzen sich alleine, füllen und entleeren ihre Backentaschen, fiepen lauter und spielen zusammen. Sie fressen selbstständig und setzen Kot und Urin ab.

20. bis 22. Tag: Das Säugen der Mutter hört auf. Die Jungtiere sind eigenständig unterwegs. Sie lernen noch Dinge, wie Sozialverhalten, von ihrer Mutter.

Ab dem 32. Tag setzt die Geschlechtsreife ein. Die Böcke können untereinander bleiben. Auch dürfen die Weibchen noch etwas Zeit bei ihrer Mutter verbringen. Mit 6 bis 8 Wochen müssen sie aber alle in ihr eigenes Revier einziehen.

Hamster-Verhalten

Lautsprache und Körpersprache

Hamster kommunizieren mit verschiedenen Tönen und Gestik. Die nachstehenden Verhaltensweisen können dabei auf folgende Bedeutungen hindeuten.

Der Hamster:

- weicht vor der menschlichen Hand zurück:
  Er hat Angst, fühlt sich unsicher und gestört. Nun gilt es abzuwarten, bis sich das Tier von alleine annähert.

- hat struppiges Fell, aufgestellte Ohren und schleicht eng und langsam am Boden entlang:
  Entweder ist der Hamster gerade aufgestanden und braucht seine Ruhe. Bleibt sein beschriebener Zustand so bestehen, ist er krank und muss tierärztlich untersucht werden.

- schnüffelt nervös und schleicht eng am Boden entlang:
  Das Tier ist unsicher und erkundet vorsichtig seine Umgebung.

- achtet nicht auf den Menschen und putzt sich gründlich:
  Dies ist ein Zeichen für Unsicherheit. Vielleicht ist der kleine Nager auch erst aufgestanden.

- zuckt zusammen, streckt sich und bläst die Backentaschen auf:
  Hierbei handelt es sich um ein Drohverhalten. Durch Verärgerung kann jeden Moment ein Biss folgen.

- hat aufgerichtete Ohren und stellt sich auf die Hinterbeine:
  Es wurde etwas gehört, was die Aufmerksamkeit bekommt. Beim Auslauf wird so das Gelände abgesichert.

- springt senkrecht nach oben:
  Entweder ist der Hamster übermütig, lebensfreudig oder er hat sich erschreckt.

- durchwühlt die Einstreu, nimmt ein Sandbad und putzt sich:
  Es ist ein Zeichen, dass sich das Tier sehr wohl fühlt und zufrieden ist.

- streckt sich und reißt dabei den Mund auf:
  Das Gähnen ist ein Zeichen von Müdigkeit oder Entspannung.

- reißt den Mund auf, ohne sich zu strecken:
  Dies bedeutet, dass ein Angriff droht.

- kreischt oder quietscht, wenn sich ihm Menschen nähern:
  Dieses Verhalten bedeutet Angst und Unsicherheit.

- wird beim Streicheln unruhig und zwickt in den Finger:
  Das Tier wünscht sich eine Ruhepause.

- reibt sich (oftmals seitlich) an Gegenständen im Gehege:
  Er markiert das Gehege.

- fiept laut:
  Der Nager ist paarungsbereit.

- knabbert am Käfigitter:
  Das Tier hat Langeweile. Es fehlt ihm an Spielzeug, Buddelmöglichkeiten, Laufrädern oder Platz. Auch Stress kann sich dahinter verbergen. Vielleicht möchte es auch lediglich nach draußen, um ein größeres Revier zu besitzen.

- sammelt viel Futter in seinem Haus:
  Es ist ein natürliches Verhalten. In der freien Wildbahn benötigen Hamster nämlich einen Wintervorrat.

- verschmutzt mit Ausscheidungen sein Häuschen:
  Entweder ist der Hamster zu faul geworden, seine Toilette ist mit für ihn falschem Sand gefüllt oder der Unterschlupf ist einfach zu klein. Außerdem wird eventuell die Pinkelecke zu oft gereinigt, das Tier traut sich aus Angst nur selten aus dem Haus beziehungsweise es kann wegen einer Erkrankung das Häuschen nicht verlassen. Ebenso ist es möglich, dass der Hamster, durch eine vorzeitige Trennung von seiner Mutter, die Sauberkeit nicht gelernt hat. Bedacht werden sollte allerdings, dass es ein normales Verhalten ist, wenn feste Köttel zwischen den Vorräten verteilt werden.

- sammelt Futter nicht im Haus, sondern in der Pinkelecke:
  Unter Umständen ist das Haus zu klein. Vielleicht erscheint es ihm auch unsicher, wenn es etwa zu oft gereinigt wird oder viele Futtervorräte von den Menschen entfernt werden.

- scharrt in der Einstreu:
  Natürlicherweise suchen Hamster in der Erde Sämereien und Insekten. Auch bauen sie sich Höhlen. In der Heimtierhaltung haben sie dieses Verhalten dann beibehalten.

- beißt den Menschen:
  Die Ursachen können zum Beispiel Störungen beim Schlafen und Futtersammeln durch den Menschen sein. Auch können Trächtigkeit, Pubertät, Erkrankungen, neue Gerüche (zum Beispiel durch parfümierte Seife) oder allgemeiner Stress dahinter stecken. Außerdem liegt die Hand vielleicht an einer falschen Stelle, zum Beispiel direkt vor dem Schlafplatz.

- Leises Fiepen ertönt aus dem Gehege:
  Fiepen beim alten Hamster oder beim Atmen des Tieres sollte tierärztlich untersucht werden. Wahrscheinlich gibt es aber Nachwuchs.

Verhalten in der Gruppe

Hamster sind Einzelgänger. In freier Wildbahn trennen sie sich nach Eintritt der Geschlechtsreife voneinander. Sie treffen sich dann lediglich noch, um sich zu paaren. Darum ist eine Gruppenhaltung von Hamstern ungeeignet, denn sie ist für die Tiere mit Stress und Aggressionen verbunden.

Hamster-Anschaffung

Der Hamster ist ein kleiner Geselle mit großen Ansprüchen, kein Kinderspielzeug. Aufgrund seines zerbrechlichen Körperbaues hat er auch nicht für nur kurze Zeit etwas in Kinderhänden zu suchen. Bei einer falschen Handhabung kann er sogar bissig werden. Nur **Kinder ab 12 Jahren und Erwachsene** sollten sich um ihn kümmern. Dabei darf sich sein Aufenthaltsort niemals im Kinder- oder Schlafzimmer befinden, denn der Hamster ist nachtaktiv. Durch seinen nächtlichen Lärm wird der menschliche Schlaf gestört. Andererseits werden in belebten Räumen die täglichen Ruhephasen der Tiere nicht ausreichend gewährleistet. Neben einer ruhigen Stelle muss der Standort außerdem zugfrei und im Sommer schattig liegen. Auch dürfen im Haushalt keine Allergien gegen Hamster vorliegen und alle Familienmitglieder sollten mit dem Kauf eines Hamsters einverstanden sein. Darüber hinaus ist zu klären, ob die tägliche Versorgung zeitlich und finanziell in den nächsten 2 bis 4 Jahren gewährleistet ist. Auch die Urlaubszeit sollte hierbei mit bedacht werden. Außerdem dürfen keine anderen Haustiere wie Katzen dem Hamster gefährlich werden können. Zu guter Letzt ist daran zu denken, dass manche Tiere nie zahm werden. Auch ist der Käfig regelmäßig zu reinigen.

Hamster und andere Haustiere

Bei der Anschaffung sollte zudem mit eingeplant werden, ob noch andere Tiere im Haushalt vorhanden sind, denn Hamster sind Einzelgänger. Auch leben sie nur ungern mit natürlichen Feinden zusammen.

Zusammenleben mit Katzen

Katzen jagen mit ihrem natürlichen Spieltrieb Hamstern Angst ein. Sie dürfen darum nicht an den Hamsterkäfig herankommen. Idealerweise werden sie von dem Raum ferngehalten, in dem sich der Käfig befindet. Nur wenn die Katze absolut kein Interesse am Nager zeigt, darf sie, unter Beobachtung, in seine Nähe gelassen werden.

Zusammenleben mit Hunden

Bellt der Hund den Hamster nicht an oder erschreckt er ihn nicht anderweitig, darf er, unter Beobachtung, mit in das Zimmer des Hamsterkäfigs. Anderenfalls darf er keinen Kontakt zu dem Nager haben. Auch während der Auslaufzeit sollte kein Hund mit im gleichen Zimmer sein.

Zusammenleben mit Mäusen/Degus

Obwohl sich die Tiere ähneln, dürfen sie nicht zusammen im gleichen Käfig leben oder Auslauf haben. Denn sie würden sich gegenseitig jagen, beißen oder sogar fressen. Schließlich sind Hamster keine Vegetarier.

Zusammenleben mit Kaninchen, Meerschweinchen, Chinchillas, Streifenhörnchen und anderen Tieren

Die genannten Tiere leben lieber mit einem Artgenossen zusammen. Bei ausreichendem Platz können sie im gleichen Gehege gehalten werden. Dennoch sind sie dann immer im Auge zu behalten, denn ein Hamster kann schnell von den anderen Tieren tödlich verletzt werden.

Zusammenleben von Hamstern verschiedener Rassen

Solche Vergesellschaftungsversuche sind unbedingt zu unterlassen. Die Tiere würden sich gegenseitig angreifen und töten. Auch Hamster der gleichen Spezies werden nur bedingt geduldet. Hamster sind eben Einzelgänger.

Zusammenleben mit Reptilien

Für Hamster ist es sehr stressig, wenn sie neben ihren natürlichen Fressfeinden leben müssten. Dienen sie als Futtertiere, sollten sie dennoch bis zu ihrem Todeszeitpunkt stressfrei in einem anderen Raum leben dürfen. Außerdem können selbst kleine Reptilien viel Stress auslösen und die Mäuseverwandten tödlich verletzen.

Kosten für Anschaffung und Pflege

Bei der Hamsteranschaffung und Hamsterpflege fallen einmalig, monatlich oder unregelmäßig folgende Ausgaben an.

Einmalige Kosten:

- 1 Hamster: 5 € bis 10 €
- 1 Hamster-Ratgeber: ca. 10 €
- 1 Käfig in den Mindestmaßen bzw. größer: ab ca. 70 €
- 2 Futternäpfe, 1 Wassernapf bzw. Wassertränke: ca. 4 €
- Schlafhäuschen/Wohnlabyrinth: ca. 5 € bis 20 €
- Laufrad: ab ca. 20 €
- Transportbox in den Mindestmaßen (20 x 20 x 10 cm): ab ca. 8 €

Mit folgenden monatlichen Kosten ist zu rechnen:

- Trocken- und Frischfutter: ca. 5 € bis 10 €
- Einstreu: ca. 4 €

Unregelmäßige Kosten:
Hiermit sind die Tierarztkosten gemeint. Für tierärztliche Notfälle sollte immer ein Geldpolster von 100 € vorhanden sein.

Wo gibt es Hamster? Was ist beim Kauf zu beachten?

Hamster verschiedener Altersklassen und Rassen gibt es im Tierheim. Zudem gibt es im Internet Hamstervermittlungsstellen. Wer eine bestimmte Rasse möchte, kann sich auch gleich bei einem Züchter melden. Bei guten Erwerbsorten gibt es auch eine begleitende Beratung. Außerdem werden die Tiere nach Männchen und Weibchen getrennt, leben in großen und sauberen Gehegen und sind gesund. Vielleicht erfüllen auch manche guten Zoofachhandelgeschäfte diese Kriterien. Meist kommen die Tiere hier jedoch als Massenware von unbekannten Züchtern. Oftmals wurden sie von ihren Eltern auch viel zu früh getrennt und weisen Erkrankungen auf. Generell sollten nur gesunde Tiere mitgenommen werden. Auch ist es ratsam, sich darüber zu informieren, welches Grünfutter den Tieren bekannt ist. Auch wird idealerweise etwas Trockenfutter mitgegeben beziehungsweise miterworben. Eine Futterumstellung kann stattfinden, sollte aber langsam vollzogen werden.

Heimtransport und Eingewöhnung

Für den Heimtransport (sowie auch für alle anderen, späteren Transporte), sollte eine Kunststoff-Transportbox verwendet werden. Sie muss so groß sein, dass der kleine Nager mit seinem Nest beziehungsweise Häuschen bequem hineinpasst. Die Mindestmaße liegen damit bei 20 x 20 x 10 cm. Sie sollte gut belüftet und dunkel sein (es kann auch ein Tuch darüber gelegt werden) und eine große Öffnung aufweisen. Außer dem Hamsternest/ Hamsterhaus kommt etwas Trockenfutter und wasserhaltiges Frischfutter (Salatgurke) mit hinein. Anschließend wird der neue Hausbewohner ohne Umwege ins neue Heim gebracht, das schon fertig eingerichtet ist.

Den Hamster eingewöhnen und hochnehmen

Am ersten Tag benötigt das Tier Ruhe. Es muss seinen Käfig erkunden, sich beruhigen und den Umzugsstress abbauen. Ab dem nächsten Tag kann man sich schon mit dem Hamster unterhalten. Laute Geräusche gilt es jedoch zu vermeiden. Auch wird die tägliche Versorgung mit Ruhe vorgenommen. Greift der Hamster dabei an, zieht man sich zurück, denn das Tier hat Angst. Ihm sollte dann Ruhe gewährt werden. Nach der ersten Woche sind Anlockungsversuche möglich. Das Tier darf dabei aber nicht geweckt oder gleich nach dem Aufstehen belästigt werden. Zudem sollte der Mensch kein Parfüm und immer die gleiche Seife benutzen, weil Hamster am Geruch ihren Besitzer beziehungsweise ihre Besitzerin erkennen. Auch kann eine Leckerei (zum Beispiel ein Mehlwurm oder Trockenfutter) auf die Hand genommen werden. Die Hand wird nun in das Gehege gelegt, jedoch nicht direkt vor das Nest oder vor einen Fluchtort. Nach einigen Stunden, Tagen oder Wochen (immer wieder probieren) nähert sich der Hamster dann von alleine. Einige dieser Mäuseverwandten zwicken dann auch probehalber in die Fingerspitzen. Mit einem leichten Schubser wird dem Hamster dann deutlich gemacht, dass er eine Grenze überschritten hat. Eventuell ist der Biss auch stärker. Dann lehnt der Hamster den Kontakt ab. Wahrscheinlich lag die Hand an einer falschen Stelle. Sie sollte sofort herausgenommen werden. Bei manchen Exemplaren klappt die Annäherung auch nur im Auslauf. Das Tier darf auf keine Fälle zu etwas gezwungen werden. Irgendwann wird es von alleine zur Hand kommen und auf ihr sitzen bleiben. Dann kann der flinke Geselle mit beiden Händen umfasst und hochgehoben werden. Kommt es dabei zu Bissen, ist das Tier gleich wieder abzusetzen. Es darf nicht fallen gelassen werden. Funktioniert das Hochnehmen mit den Händen nicht, können auch Dosen, Pappschachteln oder andere Behälter zur Hilfe genommen werden. Bei Transporten in ein anderes Zimmer oder sogar noch weiter, ist jedoch die Verwendung einer Transportbox ratsam.

Außerdem darf auf gar keinen Fall der Nackenfell-Griff zum Hochnehmen eingesetzt werden. Wegen der Grobmotorik und Größe einer menschlichen Hand, als auch der Größe und dem Gewicht des erwachsenen Hamsters, kann dies schmerzhaft enden. Auch sind Backentaschen-Verletzungen und Angstzustände bei den Tieren möglich.

Anforderungen an Gehege und Auslauf

Hamster haben bezüglich ihres Lebensraumes und ihrer Pflege hohe Ansprüche. Sie sind kein Kinderspielzeug, sondern Individuen mit viel Bewegungsdrang. Oftmals haben die Käfige, die im Fachhandel angeboten werden, eine viel zu kleine Grundfläche. Ebenso zu klein sind manchmal die mitgelieferten Etagen und ungeeignet das beinhaltete Zubehör.

Gehegegröße

Das Gehege sollte mindestens eine Bodenfläche von 1 m^2 aufweisen. Gerne darf sie größer sein. Bezüglich der Höhe werden 60 cm empfohlen. So kann das Gehege großzügig mit erhöhter Einstreu, Häusern, Höhlen und Etagen eingerichtet werden.

Welche Gehegevarianten sind möglich?

Es gibt unterschiedliche Gehegearten, wobei jede hat ihre eigenen Vor- und Nachteile hat.

Käfige und Volieren

Sie sind gut und ohne Hitzestau belüftet. Sämtliches Zubehör, wie zum Beispiel Trinkflaschen und Etagen, können leicht befestigt werden. Auch ist es möglich, die Tiere von vorne nach draußen zu nehmen. Dies macht sie schneller etwas zahm. Allerdings sind Käfige sowie Volieren oft nur mit einer niedrigen Einstreuwanne ausgestattet. Auch kommen wackelnde Gitterstäbe und Gitternagen vor. Letzteres ist mit Scheuerstellen oder einem stereotypen Verhalten (bei zu kleinem Gehege bzw. bei fehlenden Beschäftigungsmöglichkeiten) möglich. Auch müssen genügend Etagen mit Sicherungen angebracht werden, damit die Tiere nicht allzu tief fallen können, wenn sie beim Hinaufklettern stürzen. Auch muss bei Gitterkäfigen immer der Gitterabstand mitbedacht werden. Er darf 0,8 bis 1,2 cm nicht überschreiten. An den Türen und Ecken liegen die Gitterstäbe meist weiter auseinander, weshalb diese Stellen zusätzlich gesichert werden müssen. Steht Nachwuchs an, zieht die Hamstermutter am besten schon vor der Geburt in eine andere Gehegevariante um, denn sonst könnten sich die Kleinen später durch die Gitter hindurchzwängen.

Eigenbau

Ein Eigenbau ist mit erhöhten Kosten sowie handwerklichem Geschick verbunden. Bei einem hölzernen Eigenbau müssen sämtliche Nageansatzpunkte ausreichend gesichert werden. Ansonsten kann sich der nagefreundliche Hamster schnell in die Freiheit nagen. Dafür kann der Eigenbau allen Hamsterbedürfnissen angepasst werden. Zonen für eine erhöhte Einstreu, beliebige Größen und Höhen (also mehr als nur die Mindestmaße) sowie Türen für eine unkomplizierte Versorgung und Kontaktaufnahme zum Tier sind möglich. Auch wirkt ein Eigenbau in jeder Wohnung sehr dekorativ. Er sollte jedoch mit einem Gitterdeckel von oben her verschlossen werden.

Becken, Aquarien und Terrarien

Hier fällt nur wenig oder sogar überhaupt keine Einstreu beim Graben hinaus. Die Einstreu kann auch höher aufgetragen werden. Es gibt kein Gitternagen sowie keine störenden Gittergeräusche. Außerdem können die Bewohner bei Terrarien von vorne nach draußen genommen werden. Auch sind gebrauchte Becken, Aquarien und Terrarien günstiger als neue Volieren oder sogar Eigenbauten. Auf der anderen Seite sind diese Gehegevarianten aber schwer und unhandlich. Das Aquariensilikon kann angenagt werden, was zu Instabilität führt. Wegen der schlechten Luft- und Wärmezirkulation können aus dem Urin schädliche Gase entstehen. Je größer ein Becken in der Tiefe (ab 120 cm Länge) ist, desto besser ist die Luftzirkulation. Bei schlechter Belüftung sind also zusätzliche Belüftungsgitter erforderlich, die allerdings oft selber gebastelt werden müssen. Nicht übersehen sollte man auch, dass der Hamster bei einem Aquarium nur von oben herausgenommen werden kann. Dies macht dem Tier Angst. Zu guter Letzt müssen alle Aquarien von oben mit einem Deckel abgesichert werden. Einige Hamster brauchen nämlich nicht lange, um aus einem oben offenen Gehege zu entkommen.

Plastikgehege

Sie sind leicht zu reinigen, wiegen nur wenig und können mit viel Einstreu versehen werden. Allerdings gibt es sie nur selten in wirklich für Hamster geeigneten Größen. Der Luft- und Wärmeaustausch gelingt dann schlecht. Auch kann das Plastikgehege angenagt werden, was einem Hamster dem Weg nach draußen öffnen kann.

Wie sieht die ideale Gehegestruktur aus?

Das Gehege benötigt auf alle Fälle einen Schlaf- und Buddelbereich im unteren Teil. Die Dicke der Einstreuschicht beträgt im Idealfall 30 bis 40 cm. Bei einem weniger buddelfreudigen Hamster kann sie weniger mächtig ausfallen und dafür ein künstliches Gangsystem angeboten werden. Als Schlafbereich ist ein Mehrkammerschlafhaus ideal. Damit der Schlafbereich abgedunkelt werden kann, befindet sich darüber eine Etage. Sie sollte in etwa 30 cm Höhe angeboten werden. Auf dieser und allen weiteren Etagen stehen dem Hamster dann Sandbad, Laufrad und andere Einrichtungsgegenstände zur Verfügung.

Zusätzlicher Auslauf

Den meisten Hamstern ist ihr Gehege zu klein. Um etwas zu erleben, benötigen sie viel Auslauf. Zur Auslaufbegrenzung sind zugeschnittene Hartfaserplatten aus dem Baumarkt beziehungsweise Bastlerglasplatten (10 x 50 x 25 cm) geeignet. Diese werden locker mit Gewebeklebeband miteinander verbunden. Wer nicht besonders handwerklich geschickt ist, kann auch Gitterauslaufgehege im Fachhandel erwerben. Im Idealfall wird der Auslauf mit dem eigentlichen Gehege verbunden. So kann der Hamster selbst bestimmen, wann er den Auslauf betritt oder verlässt. Eventuell können Gehege und Auslauf mit einem Spieltunnel verbunden werden, wenn eine direkte Verbindung nicht gelingt. Sonst kann das Tier auch vom Menschen in das Auslaufgehege hineingesetzt werden. Fühlt sich der kleine Nager dort sichtlich nicht wohl, ist es kein Spaß für ihn. Dann sollte er gleich wieder in sein richtiges Gehege gebracht werden. Macht ihm das Draußensein Spaß, ist er hingegen immer gut zu beobachten, denn Hamster können gut klettern. Erst ab einer Höhe von 50 cm ist die Auslaufbegrenzung halbwegs sicher.

Hamster einfangen

Es kann vorkommen, dass der Hamster während seiner Auslaufzeit abhaut, sich durch seinen Holzkäfig knabbert oder das Schließen der Käfigtür vergessen wird. Schafft es der Hamster in die Freiheit, beginnt für die Menschen eine oft langdauernde Suche (meist im ganzen Haus). Um sich das Aufspüren des Ausreißers zu erleichtern, müssen erst einmal sämtliche Türen und Fenster geschlossen werden. Es gilt, Fremdgeräusche zu vermeiden. Denn durch Nagen und Scharren verrät sich der Nager meist von selbst. Ist dem nicht so, sollten vor allem große Zimmer durch Pappabsperrungen abgeteilt werden. In jedem Bereich wird abgezähltes Futter ausgelegt. Später oder am nächsten Tag wird das Futter gezählt. Da, wo etwas Futter fehlt, muss sich der Hamster aufhalten. Sobald der Ausreißer gefunden ist, kommt er vielleicht von alleine zur menschlichen Hand. Anderenfalls kann er in ein Behältnis gelockt werden, in dem sich ein Teil vom Nest sowie Futter befinden. Viele Hamster ziehen sich nun darin zurück. Gelingt dies nicht, muss eine Futterspur zu dem Behältnis gelegt und abgewartet werden. Außerdem gilt es sicherzugehen, dass das Tier nicht gleich wieder nach draußen kommt. Hierbei kann es hilfreich sein, mit Klebeband etwas Pappe als Öffnung nach innen anzubringen. Sobald das Tier eingefangen wurde, kommt es wieder zurück in sein (eventuell repariertes) Gehege.

Einrichtung und Zubehör

Damit sich Hamster so richtig wohlfühlen können, muss ihr Gehege auch mit dem richtigen Zubehör eingerichtet sein.

Futternapf für Frischfutter
Er ist täglich zu reinigen.

Trinkflasche oder Wassernapf
Obwohl Hamster nicht viel trinken, muss ihnen ständig frisches Wasser zur Verfügung stehen. Die Näpfe sollten auf einer Etage ohne Einstreu nicht im Weg, sondern in einer Ecke stehen. Auch müssen sie täglich gereinigt werden. Zudem dürfen Jungtiere nicht darin ertrinken können. Trinkflaschen sind hingegen in der Handhabung für die Tiere nicht so angenehm. Auch können sich in ihren Röhrchen schnell Algen, Bakterien und Schimmel festsetzen, denn die Röhrchen sind nur schlecht zu reinigen.

Häuser

Ein Haus darf nicht fehlen. Besser sind jedoch zwei oder mehr Häuser. Wenn möglich, handelt es sich hierbei um Mehrkammerhäuser, sogenannte Wohnlabyrinthe. Ersatzweise kommen auch (als Zweithäuser) Wohnfelsen infrage. Alle diese Häuser können aus Kork, Sperrholz, Keramik oder Ton bestehen. Plastikhäuschen sind allerdings wegen der schlechten Luftzirkulation ungeeignet. Ferner sollte die Mindestgröße 18 cm Länge sowie 12 cm Breite betragen, denn der Hamster lagert hier gerne seine umfangreichen Vorräte. In den Häusern sind mehrere große Öffnungen von mindestens 7 cm wichtig, denn sonst können die Tiere beim Futtertransport stecken bleiben oder ziehen sich Backentaschenverletzungen zu. Darüber hinaus ist es wichtig, dass sich das Schlafhaus im unteren Gehegebereich befindet. Alle anderen Häuschen können auch auf einer höheren Ebene stehen. Darunter gehört eine dicke Schicht mit Einstreu, zum Gänge- und Höhlengraben. Daraus ergibt sich, dass das Haus keinen Boden haben darf. Das Hausdach darf durchaus abnehmbar sein, denn das ermöglicht eine bessere Nest- und Krankheitskontrolle.

Etagen

Sie bieten Schutz, vergrößern die Käfigfläche und bestehen im Idealfall aus ungiftigem Holz (also keine Nadelhölzer verwenden) beziehungsweise Sperrholz. Das Holz kann mit einer Wachsschicht vor dem Urin geschützt werden. Außerdem kann das Material für die Etagen Glas oder Makrolon sein. Lediglich von Gitteretagen wird abgeraten. In diesen können die Hamster mit ihren kleinen Füßchen stecken bleiben. Auch ist es möglich, die Etagen selber zu bauen oder zu kaufen. Gekaufte Elemente können in Gitterkäfige meist einfach eingehängt werden. In Aquarien und Terrarien ist es hingegen zum Beispiel nötig, 4 Füße in einer passenden Größe anzuschrauben. Mit einer angeschraubten Holzplatte darauf entsteht eine Etage als Tisch, die problemlos herausgenommen werden kann. Diese Etage sollte für den Hamster mithilfe einer Rampe erreichbar sein.

Nistmaterial

Als Nistmaterial können heißluftgetrocknetes Heu, schimmelfreies Gersten- oder Haferstroh, Papier und frische beziehungsweise getrocknete Kräuter und Blätter dienen. Außerdem kommen Hanfmatten, Flachsmatten sowie unparfümierte Taschentücher und unparfümiertes Toilettenpapier infrage. Taschentücher und Ähnliches sollten zerreißbar und wasserlöslich sein. Mit einem Wassertest kann Letzteres überprüft werden. Lösen sich die Tücher nicht auf, ist von ihnen als Nistmaterial abzusehen. Außerdem gilt es, auf Watte oder Hamsterwatte und Stoffreste zu verzichten, denn die Fäden können die Gliedmaßen abschnüren. Künstliche Stoffe sind schwer oder gar nicht verdaulich. Außerdem kann Hamsterwatte die Backentaschen verstopfen. Wegen fehlender Atmungsaktivität bilden sich in der Hamsterwatte auch schnell Bakterien, Pilze und Parasiten. Dazu kommt, dass die meisten künstlichen Materialien mit chemischen Schadstoffen belastet sind.

Einstreu

Es gibt verschiedene Einstreuarten, die für Hamster geeignet sind. Dazu zählen zum Beispiel: Hanf-, Mais- und Miscantuseinstreu, Leineneinstreu aus Flachsstroh oder feines Buchengranulat. Verwendet werden können zudem Pflanzeneinstreu und normale Kleintiereinstreu (hergestellt aus Holzspänen). Nur eingeschränkt als Einstreu verwendbar sind Weichholzspäne, denn wegen der im Weichholz enthaltenen ätherischen Öle können sie die Atemwege der Hamster reizen. Außerdem sollte die Einstreu staubarm oder bessern noch staubfrei sein. Deshalb sind Stroh und Heu ebenfalls nur bedingt verwendbar. Wer dennoch Heu verwenden möchte, sollte auf heißluftgetrocknetes Heu zurückgreifen. Es muss sich gut aufschütteln lassen, grün sein, wenig stauben und frisch riechen. Die Einstreuhöhe sollte 30 bis 40 cm betragen, denn Hamster buddeln gerne. Legt der Hamster in der Einstreu keine Gänge an, sollte die Einstreuart gewechselt werden. Manche Tiere bevorzugen eine bestimmte Einstreu mehr als andere. Außerdem dürfen Häuschen und Korkröhren auf oder in der Einstreu stehen. Schwere Einrichtungsgegenstände, wie Steine, werden wegen der Verletzungsgefahr sinnvollerweise nur am Gehegeboden platziert.

Wer seinem Tier etwas Abwechslung anbieten möchte, kann auch einmal auf folgende Einstreuvarianten zurückgreifen: Laub, Moos, ungedüngter Rasen sowie ungedüngte und entkeimte Erde. Wegen der in ihnen enthaltenen Feuchtigkeit sollten sich diese Einstreuarten jedoch niemals unter dem Schlafhäuschen befinden.

Außerdem sollte keine Katzeneinstreu sowie keine Hamsterklumpstreu Verwendung finden. Wird sie gefressen, kann sie sich im Tiermagen verklumpen und als Folge davon den Tod des Hamsters herbeiführen. Auch beinhaltet die Klumpstreu viel Staub, was häufig zu Lungenproblemen führt.

Sandbad

Auf das Sandbad kann nicht verzichtet werden. Mit ihm werden Krallen- und Fellpflege betrieben und Stress abgebaut. Als Sand ist nur staubarmer Chinchillasand mit abgerundeten Sandkörnern geeignet. Abgerundeter Quarzsand, unterschiedliche Bimssteinsande, Tonsande sowie Terrariensandarten kommen ebenso infrage. Wegen ihrer spitzen Splitter können Attapulgussande und Sepiolithsande zu Lungenerkrankungen führen. Außerdem sollte auf grobe Bausande, groben Quarzsand, Sandkastensand sowie anis- und muschelgrithaltigen Vogelsand verzichtet werden. Feiner Vogelsand, ohne Anis und ohne Muschelgrit ist hingegen verwendbar, denn durch zu groben Sand kann das Fell brüchig werden. Die Folgen sind häufig Hauterkrankungen.

Hamster haben beim Sandbad verschiedene Vorlieben. Wird eine Sandart nicht genutzt, sollte deshalb eine andere Art ausprobiert werden. Zum Sandbaden reicht einigen Hamstern nur eine geräumige Ecke, während andere sich eine ganze Sandetage wünschen. Auf alle Fälle sollte für das Sandbad ein Platz von mindestens 30 x 30 cm zur Verfügung stehen. Hält sich das Tier viel im Sand auf, ist es gut, über eine Vergrößerung des Sandbades nachzudenken. Bezüglich der Reinigung des Sandes ist es meist ausreichend, grobe Futterbestandteile mit einem Sieb zu entfernen.

Toilette
Die Hamstertoilette besteht am besten aus Keramik. Sie sollte regelmäßig, aber nicht zu oft, gereinigt werden.

Weidenbrücken/Weidenzweigbrücken
Sie können als Höhle oder Rampe dienen. Weil sie auch als Nagematerial genutzt werden, sollten sie gut verarbeitet sein.

Kork
Kork sieht natürlich aus, ist ungiftig und kann gut gereinigt werden. Brücken beziehungsweise Höhlen aus Kork eignen sich gut zum Hindurchlaufen, als Etagenverbindung oder zum Bewohnen.

Baumstümpfe

Baumstümpfe mit einer Länge von 30 cm und einem Loch-Durchmesser von 6 bis 7 cm gibt es in fast allen Zoofachgeschäften.

Heuberge

Sie sind sehr beliebt bei den Tieren. Damit sie schimmel- und parasitenfrei sind, sollte für sie nur heißluftgetrocknetes Heu verwendet werden.

Heunester

Meist besitzen Heunester ein Drahtgeflecht, was gefährlich werden kann. Außerdem können sie staubig sein und Parasiten enthalten.

Laufräder

Laufräder ersetzen keinen großen Käfig, der abwechslungsreich eingerichtet ist. Das Laufen kann in einem zu kleinen Gehege sogar zu einer stereotypen Verhaltensweise werden. Zudem bringen zu kleine Laufräder psychische und physische Folgen mit sich. In diesem Fall gilt es, einen tiergerechten Hamsterkäfig zu beschaffen. Dann kann der Hamster allmählich vom Laufrad entwöhnt werden. Hat er dann gelernt, sich anderweitig zu beschäftigen, kann ihm ein gutes Laufrad angeboten werden. Immerhin dient das Laufen im Rad zum Stressabbau. Solange der Hamster nicht stundenlang im Rad läuft, ist es also eine gute Beschäftigungsvariante. Wichtig ist jedoch, dass das Laufrad einige Ansprüche erfüllt. Im Einzelnen sind dies:

- ein Durchmesser von 30 cm oder größer. Sonst kann es zu Verkrümmungen sowie einer falschen Abnutzung der Wirbelsäule kommen. Hieraus können Schmerzen und Bandscheibenvorfälle entstehen.

- eine komplett geschlossene Lauffläche, denn in offenen kann sich der Hamster verfangen. Auch ergeben kleine Sprossenabstände und Sprossen, welche sehr eng beieinanderliegen, keine gute Lauffläche.

- eine Lauffläche mit Struktur, wie etwa Rillen, sorgt für ein ruhiges und gleichmäßiges Laufen. Aufgeklebte Sprossen sollten etwas rund gefeilt werden, nur fußgroß sein und höchstens eine Höhe von 2 mm aufweisen. Der Sprossenabstand darf maximal 3 cm betragen. Meist ist er jedoch größer. Dann sollten die Sprossen entfernt und durch Korkplatten beziehungsweise Korkstücke ersetzt werden.

- eine einseitig komplett geschlossene Seite. An ihr wird das Rad auch aufgehängt. Sonst kann es zu einem Schereneffekt kommen.

- ein fester Stand. Vor allem Laufräder mit schweren Holzstandbeinen stehen sehr umkippsicher.

- dass nur ungiftige Materialen verwendet werden. Dies kann Holz, ungiftiges und nicht splitterndes Plastik sowie Metall sein.

- eine leichte Handhabung. Damit das Rad rund läuft, ist ein gutes Kugellager sehr wichtig.

Als "Ersatz" für Laufräder werden manchmal auch Laufteller oder Joggingbälle verkauft. Dabei sind Laufteller eigentlich für Chinchillas gedacht. Hamster neigen dazu, sich beim Laufen auf dem Teller nach innen zu biegen. Das schädigt auf die Dauer die Wirbelsäule. Ferner entstehen Fliehkräfte, die manche Tiere beim Stoppen durch die Gegend schleudern können. Außerdem sind Laufteller glatt oder haben nur Rillen in großem Abstand. Alles in allem sind sie für Hamster ungeeignet.
Noch schlimmer ist es bei den Joggingbällen. Sie sind als gesundheitsschädlich und tierschutzwidrig eingestuft, denn in den Kugeln können die Tiere nicht die Richtung bestimmen oder anhalten. Sie können also mit voller Geschwindigkeit gegen eine Wand knallen oder sogar die Treppe hinunterfallen. Das ist mit einem schweren Trauma und nicht selten mit dem Tod des Tieres verbunden. Dazu kommt, dass die Kugeln nicht gut belüftet werden, nicht groß genug sind sowie dem Tier keinen echten Auslauf bieten. Durch die Wände kann der Hamster nämlich die Umgebung nicht über den Geruchssinn oder

das Gehör wahrnehmen. Er verliert die Orientierung und verfällt in Stress. Folgerichtig versucht er panisch der Kugel zu entkommen, die er aber nicht verlassen kann. Dies ist auch der nächste Punkt. Das Haustier kann in den Joggingbällen nicht selber festlegen, wann er laufen will oder nicht. Und auch der Halter beziehungsweise die Halterin kann auf der anderen Seite meist nicht feststellen, ob es sich um freiwilliges oder panisches Laufen handelt. Besser ist es, dem Hamster ein großes Gehege mit ausreichend Auslauf anzubieten.

Pappröhren

Lange Papprollen können mit Heu oder Futter gefüllt werden. Sie werden in das Gehege gehängt und können Etagen miteinander verbinden. Dabei ist es nötig, dass der Hamster, ohne herausfallen zu können, die Etagen passieren kann. Zudem werden Papprollen gerne vom Hamster geschreddert. Sie dürfen deshalb keinen Klebstoff beinhalten. Toilettenpapierrollen, die im Badezimmer benutzt wurden, sind ebenfalls nicht anzubieten. Auf ihnen haften nämlich meist Coli-Bakterien, die Darmerkrankungen beim Hamster hervorrufen können.

Abkühlung im Sommer

Hamster vertragen keine Temperaturen von über 25 °C. Deshalb sollte die Temperatur immer im Gehege gemessen werden. Denn sind es außen 20 °C, kann es in einem Hamsteraquarium sehr viel wärmer sein. Dazu kommt, dass Hamster nicht schwitzen können. Zum Abkühlen speicheln sie sich ein, was Flüssigkeitsverlust mit Austrocknungen zur Folge hat. Damit das Tier nicht zu stark unter der Hitze leidet, können folgende Maßnahmen ergriffen werden:

- Fellkürzung auf ein normales Maß bei langhaarigen Rassen
- Feuchte Tontöpfe mit seitlicher Öffnung in das Gehege legen und vor dem Wegrollen sichern.
- Keramikteller, Steinplatten oder Kacheln im Gehege verteilen, aber nicht flächendeckend im kompletten Gehege. Der Hamster sollte sich einen warmen oder kalten Untergrund im Gehege selber aussuchen können.
- Zusätzlich zum Sandbad kann ein Kasten mit feuchtem Sand angeboten werden.
- Direkte Sonneneinstrahlung durch zugezogene Vorhänge und geschlossene Fenster vermeiden.
- Nachts, morgens und abends ausreichend den Raum durchlüften.

- Kühlakkus in eine Tüte geben und mit einem Tuch umwickeln. Anschließend die Kühlakkus auf einer Gehegeseite von außen auf dem Gitter befestigen. Sie sorgen für kühle Luft in einem Abstand von 20 cm.
- Transporte vermeiden oder nur in leicht klimatisierten Fahrzeugen durchführen. Eventuell auch den Transport morgens beziehungsweise abends durchführen. Die Transportbehältnisse sollten hierbei nur kleine Gitterkäfige sein. Ebenso müssen immer Frischfutter und eine Wasserflasche dem Tier zur Verfügung stehen.
- Tier im Sommer in einem kühleren Raum unterbringen.
- Ein trockenkühlendes Klimagerät anschaffen. Es hält die Raumtemperatur konstant. Dabei darf es nicht direkt auf den Hamsterkäfig zeigen.
- Starke Temperaturschwankungen möglichst vermeiden.
- Energieärmer füttern. Die Fütterung von Nüssen und Kernen darf verringert werden. Dafür sind wasserhaltige Gemüsesorten wie Salat und Salatgurke umso beliebter.
- Trinkwasser öfter als sonst erneuern.
- Futtervorräte des Tieres auf Schimmelbildung kontrollieren.

Alle Kühlmaßnahmen sollten so strukturiert sein, dass ein Tier sie freiwillig nutzen kann. Sie dürfen sich darum immer nur auf einer Gehegeseite befinden. Außerdem darf das Gehege (etwa bei feuchtem Sand) nicht zu feucht werden. Schimmelbildung und Atemprobleme sollten unbedingt vermieden werden.
Auch sind Ventilatoren nicht sehr hilfreich, denn der Windzug trocknet Augen und Schleimhäute des Hamsters aus.

Hamster pflegen

Die tägliche Reinigung

Jeden Tag muss der Wassernapf beziehungsweise die Wasserflasche sowie der Frischfutter-Napf mindestens einmal oder sogar öfter gereinigt werden. Außerdem sind grobe Frischfutterbestandteile regelmäßig aus dem Gehege zu entfernen.

Die Hamstertoilette und Vorratskammer reinigen

Hamster benutzen eine Ecke im Käfig zum Urinieren. Alle 2 bis 3 Tage sollte diese gereinigt werden. Sollte der Hamster an diversen Stellen urinieren, müssen entsprechende Bereiche 1 mal pro Woche gesäubert werden. Die trockenen Köttel werden mindestens alle 2 bis 4 Wochen entfernt. Dabei wird auch zugleich das gebunkerte Futter gegen frisches Trockenfutter ausgetauscht. Bunkert der Hamster Frischfutter, muss dieses bald wieder beseitigt werden. Im Idealfall wird nur so viel Frischfutter angeboten, wie dieses zeitnah vom Tier verzehrt wird.

Gehegereinigung

Eine komplette Gehegereinigung bedeutet für Hamster sehr viel Stress, denn ihre gesamten Duftspuren gehen dabei verloren. Nach Möglichkeit sollte deshalb immer nur eine Teilreinigung stattfinden. Allerdings ist dies bei einer Gehegegröße von nur 0,5 m^2 nicht möglich.

Unabhängig davon wird zu einer kompletten Einstreu-Erneuerung alle halbe Jahre geraten. Nur so können Parasiten und Schimmel vorgebeugt werden, die ja mit bloßem Auge oft nicht sichtbar sind. Während der Gehegereinigung bekommt der Hamster am besten Auslauf oder wird mit seinem Nest in eine Transportbox gesetzt. Dann werden die Einrichtungsgegenstände entfernt. Dabei gilt es genau darauf zu achten, wo was steht und wo sich welche Nester befinden. Nun werden die alte Einstreu und die Futterreste entsorgt. Bodenschale, Gitter, Wände sowie Einrichtungsgegenstände werden mit heißem beziehungsweise mit unparfümiertem Seifenwasser gereinigt. Gegen starke Urinablagerungen hilft Essigwasser oder Zitronenessenz. Danach sollten die Stellen gründlich nachgespült werden. Bei alledem gilt es, auf chemische Mittel und Gerüche zu verzichten. Auch wird empfohlen, dass so viele Duftspuren wie nur möglich erhalten bleiben sollten. Nach der Reinigungsprozedur werden alle Gegenstände wieder an ihren alten Platz gestellt. Die alten Futtervorräte werden durch frisches Trockenfutter ersetzt. Auch wird Trockenfutter im Gehege verteilt. So etwas gibt dem Hamster Sicherheit und er kann seine Vorräte wieder aufstocken. Ebenso ist neues Nistmaterial anzubieten. Neue Einrichtungsgegenstände sollten zunächst nicht hineingestellt werden. Erst wenn sich der Hamster wieder eingelebt hat, verursacht eine neue Einrichtung nicht mehr so viel zusätzlichen Stress. Ferner werden nun auch die Köttel und die Futtervorräte aus dem Hamsternest entfernt und durch neues Trockenfutter ersetzt. Nach der Reinigung des Geheges benötigt der Hamster erst einmal einen Tag, um sich wieder zu beruhigen.

Fellpflege

Nachdem ein Hamster aufgestanden ist, sind seine Ohren noch etwas angeklappt, die Augen noch leicht verschlossen und das Fell struppig. Meist suchen die Tiere nun die Toilettenecke auf und futtern. Danach widmen sie sich der Fellpflege. Auch während ihrer Aktivitätszeit wird sich hin und wieder geputzt. Baden, kämmen oder bürsten muss also nicht vom Menschen übernommen werden. Ein Bad kann sogar zur Erkältung führen. Darum sollte ein Hamster nur nach tierärztlicher Absprache gebadet werden. Das Bürsten ist nur nötig, wenn das Fell bei einem langhaarigen Tier stark verfilzt ist. Eventuell ist es in solchen Fällen auch hilfreich, das Fell etwas zu kürzen. Gerade bei hoher Winterbeheizung oder starker Sommerhitze ist dies auch deswegen ratsam, damit die Tiere nicht überhitzen.

Krallenpflege

Der Hamster pflegt seine Krallen von alleine, etwa durch die Benutzung des Sandbades.

Hamster füttern

In freier Wildbahn ernähren sich Hamster sehr abwechslungsreich. Sie verspeisen im Sommer sämtliche Arten von Früchten, Gemüsesorten, Kräutern, Samen, Getreide, Insekten sowie selbst kleine Säugetiere. Im Winter leben sie von ihren gesammelten Vorräten. Dies können getrocknete Sämereien, Blätter als auch Kräuter sein. Der Speiseplan in der Heimtierhaltung kann allerdings das gesamte Jahr über abwechslungsreich gestaltet werden.

Das Trockenfutter allgemein

Das Trockenfutter ist in einem hamstergerechten Speiseplan der wichtigste Bestandteil. Ein ausgewachsener Hamster benötigt davon etwa 2 TL beziehungsweise knapp 1 EL pro Tag. Befinden sich im Trockenfutter viele grobe Bestandteile, kann der Bedarf auch steigen. Genauso sollte die Masse erhöht werden, wenn der Hamster bis zur nächsten Fütterung alles aufgefressen hat. Bunkert er allerdings sehr viel, wird ihm besser etwas weniger angeboten. Denn die Masse sollte lediglich reichen, damit er sich ein kleines Futterdepot anlegen kann. Dieses bietet ihm Sicherheit. Außerdem sollte das Trockenfutter immer frisch und keimfähig sein. Durch einen Keimtest (Trockenfutter auf Küchenpapier feucht halten und keimen lassen) kann die Keimfähigkeit überprüft werden. Das so entstehende Keimfutter beinhaltet darüber hinaus viele Kohlenhydrate, Vitamine, Proteine und Mineralien. Es ist damit sogar eine wertvolle Ergänzung zum normalen Speiseplan. Allerdings darf sich beim Füttern noch kein pelziger Belag (Schimmel) auf dem Futter gebildet haben.

Auch sollte das normale Trockenfutter nicht länger gelagert werden als 4 Monate. Denn dann gehen Vitamine verloren und fetthaltige Bestandteile können ranzig werden. Als Aufbewahrungsgefäß eignen sich Blechdosen, Gläser und dickwandige Papp- oder Holzschachteln. Die Papp- und Holzgefäße werden hierbei idealerweise mit (Küchen-)Papier ausgeschlagen. Von Plastiktüten und Plastikbehältern wird hingegen abgeraten. Hier kann es leicht zur Schimmelbildung kommen, weil die Restfeuchte nicht entweichen kann. Auch andere Tüten beziehungsweise dünne Pappschachteln sind nicht zu empfehlen. In ihnen kann das Futter schnell von Parasiten befallen werden.

Woraus besteht gutes Trockenfutter?

Ein tiergerechtes Trockenfutter beinhaltet keine aufgepoppten, bunten und in "schöne" Formen gepressten Bestandteile.

Wichtiger sind verschiedene Getreidesorten, wie etwa:

- Amarant
- Buchweizen
- Gerste
- Grüner Hafer
- Emmerweizen
- Haferflocken
- Haferrispen
- Haferkörner
- Hirse
- Kamut
- Kolbenhirse
- Roggen

Dazu kommen in geringen Maßen getrocknete Kräuter, als auch getrocknetes Gemüse. Ebenso sollten Kleinsämereien nicht fehlen. Diese könnten zum Beispiel, bei einem Anteil von bis zu 35 % des gesamten Futters, sein:

- Chiasamen
- Kardi
- Leindotter
- Leinsaat
- Mohn
- Perilla
- Sesam
- wenig Ölsamen

Bis zu insgesamt 30 % des Gesamtfutters können bestehen aus:

- Bluthirse
- Dari
- Japanhirse
- Mannahirse
- Platahirse
- Senegalhirse
- Silberhirse

20 bis 30 % der Samenmischung sollten noch von folgenden Sämereien dem Hamster gereicht werden:

- geschälter Buchweizen
- Bockshornklee
- Dill
- Fenchel
- Kerbel
- Löwenzahn
- Petersilie
- verschiedene weitere Grassamen

Gutes Trockenfutter sollte übrigens nur wenig Nüsse und nur wenig Kerne beinhalten. Im Idealfall sieht es nicht nur frisch aus, sondern riecht auch frisch. Staubiges und graues Futter darf nicht mehr gereicht werden. Auch ist es ratsam, von Fertigfuttermischungen Abstand zu nehmen, die Melasse, Zucker oder weitere, nicht gekennzeichnete, Nebenprodukte beinhalten.

Grünfutter verfüttern

Als natürlichster Vitamin- sowie Wasserlieferant darf Grünfutter im Hamstergehege nicht fehlen. Dabei sind mit Grünfutter alle grünen Pflanzenteile gemeint. Hamster müssen erst einmal hieran gewöhnt werden. Gelingt die Eingewöhnung, dürfen die Kräuter, Blätter, Blüten, das Grünzeug der Futterpflanzen sowie Sämereien täglich angeboten werden. Im Winter ist dabei meist ein käuflicher Erwerb notwendig. Das Grünfutter aus der Kaufhalle sollte immer frisch und sauber sein, denn schließlich sind Hamster keine Abfallfresser von matschigen Resten aus einer Grünfuttertonne. Hier eine Liste mit möglichen Futterpflanzen, Kräutern, Blättern und Blüten sowie ihren Besonderheiten:

- Ackerfuchsschwanz
- Blätter und Blüten von allen für Hamster verträglichen Zweigen
- Basilikum:
  Es löst Krämpfe, beruhigt und regt den Appetit an. Er ist wegen des erhöhten Estragolgehaltes nur in geringen Maßen geeignet.
- Breitwegerich:
  Er hilft bei Entzündungen.
- Brennnesselkraut:
  Es regt den Harnfluss an, senkt den Blutdruck und wird idealerweise getrocknet angeboten.

- Brunnenkresse:

  Sie ist gut zum Appetitanregen, Antreiben des Harnflusses sowie zur Förderung des allgemeinen Stoffwechsels. Brunnenkresse darf wegen der atemwegsreizenden Senfölglykoside nur mäßig verfüttert werden.

- Brombeerblätter:

  Sie haben einen hohen Gerbsäureanteil. Im rohen Zustand müssen die Stacheln entfernt werden. Getrocknet dürfen die Stacheln daran bleiben.

- Dill:

  Er regt den Appetit, die Verdauung sowie auch die Milchbildung an. Ist hilfreich gegen Blähungen.

- Dinkel:

  Es dürfen nur die grünen Stiele angeboten werden.

- Echinacea/Sonnenhut:

  Er stärkt das Immunsystem

- Giersch

- Gras:

  Ein Hamster sollte sich erst einmal langsam hieran gewöhnen können.

- Gänseblümchen

  Sie sollen bei Lungenerkrankungen helfen und können in größeren Mengen abführend wirken.

- Golliwoog:

  Diese Zierpflanze wird auch als Futterpflanze verwendet.

- Gerste:
  Es dürfen nur die grünen Stiele angeboten werden.
- Hafer gereift:
  Es dürfen nur die grünen Stiele angeboten werden.
- Hafer grün:
  Nach einer Eingewöhnungsphase können selbst große Mengen gereicht werden.
- Haselnussblätter
- Huflattich
- Hirtentäschelkraut:
  Es hat blutstillende Wirkung und fördert die Wehen, darf aber nicht von trächtigen Tieren verzehrt werden.
- Johannisbeerblätter
- Knaulgras
- Kamille oder Kamillentee:
  Hilft bei Verdauungs- sowie Atemwegserkrankungen.
- Klee:
  Gelb-, Weiß- und Rotklee werden in kleinen Mengen gut vertragen. Zu viel kann allerdings zu Durchfall führen.
- Kornblumenblüte
- Löwenzahn

- Luzerne

  Sie darf ausschließlich frisch angeboten werden. Getrocknet verursacht sie möglicherweise Organschäden. Frischware ist wegen des erhöhten Kalziumgehaltes auch nur in geringen Mengen anzubieten.

- Melisse- und Zitronenmelisse:

  Sie hilft bei Krämpfen, Magenproblemen und Blähungen

- Malve, wild

- Pfefferminzblätter:

  Sie helfen gegen Krämpfe, sind durchblutungsfördernd und regen die Gallensekretion an.

- Petersilie:

  Wegen der Wehenförderung nicht an trächtige Hamster verfüttern. Petersilie enthält zudem viel Kalzium.

- Ringelblumenblüten:

  Sie beruhigen.

- Rispengras

- Roggen

  Es dürfen nur die grünen Stiele angeboten werden.

- Rohrschwingel

- Sauerampferkraut:

  Es enthält viel Oxalsäure.

- Schafgarbe:
  Sie hilft bei Appetitlosigkeit als auch bei Blasen- und Nierenleiden.

- Sonnenblumenblüten

- Spitzwegerichkraut:
  Es wirkt Erkältungserkrankungen und Nieren- sowie Blasenproblemen entgegen.

- Vogelmiere

- Weidelgras

- Weizen, grün:
  Nach einer Eingewöhnung sind große Futtermengen möglich.

- Wiesensauerampfer
  Er hat einen hohen Oxalsäuregehalt.

- Wiesenbärenklau:
  Er darf nicht mit dem giftigen Riesenbärenklau oder dem Hecken-Kälberkropf verwechselt werden. Außerdem sollten ihn helle Hamster nur wenig bekommen. Zudem können die Stacheln zu Reizungen führen.

- Kleiner Wiesenknopf:
  Er ist wahrscheinlich reich an Vitamin C.

- Wiesen-Rispengras

- Wiesen-Kammgras

Hinweise zum Gras

Gras kann sich in vielerlei Art voneinander unterscheiden. Allein hierzulande gibt es etwa 280 verschieden Arten, von denen aber nicht alle zum Füttern geeignet sind. Viele unterschiedliche Arten gibt es auf Wiesen. Hier dürfen die verträglichen Sorten gepflückt werden. Anders ist es am Wegesrand, denn:

- hier enthält das Gras meist chemischen oder organischen Dünger.
- ist das Gras mit Pflanzenschutzmitteln belastet.
- das Gras kann mit Hundekot beziehungsweise Hundepipi verschmutzt sein oder diese Stoffe bereits aufgenommen haben.
- das Grünfutter ist hier mit Autoabgasen belastet, wogegen selbst gründliches Abwaschen nichts mehr hilft.

Außerdem darf das Gras nicht aus dem Rasenmäher kommen. Dann kann es bei dem Hamster zu gefährlichen Verdauungsproblemen durch Fehlgärungen kommen.

Zweige verfüttern

Zweige sollten sich, egal ob frisch oder getrocknet, immer im Hamsterkäfig befinden. Sie dienen zur Zahnpflege und dürfen gerne auch Blätter besitzen. Zweige, die teilweise mit Blättern und Blüten angeboten werden dürfen, sind folgende:

- Ahorn:
  Nur ohne Knospen und Blüten in kleinen Mengen anbieten.
- Apfelbaum
- Birnenbaum
- Birke:
  Ihre Blätter besitzen viel Gerbsäure und sind harntreibend.
- Buche:
  Wegen des erhöhten Oxalsäuregehaltes nur in kleinen Portionen anbieten.
- Esche:
  Es dürfen keine Früchte oder Beeren sowie Knospen verfüttert werden. Auch ist nur die "Gemeine Esche" geeignet, denn die "Manna-Esche" ist stark entwässernd und abführend.
- Haselnussstrauch
- Heidelbeerbusch

- Hainbuche:
  Sie darf nicht von Pilzen befallen sein und enthält viel Gerbsäure.
- Linde:
  Ihre Blätter wirken sehr harntreibend.
- Pappel

Obst und Gemüse verfüttern

Im Winter besteht Grünfuttermangel. Darum liefert hier insbesondere Gemüse wichtige Vitamine und ausreichend Wasser. Aber selbst im Sommer ist es ein gesundes Beifutter und eine gute Leckerei. Darum darf es einmal pro Tag in einer verzehrbaren Menge verfüttert werden. Der Hamster darf das Frischfutter aber nicht bunkern können. Sonst muss das gebunkerte Gemüse wieder entfernt werden. Zudem wird empfohlen, immer verschiedene Sorten anzubieten und alles zuvor gründlich abzuwaschen. Vielleicht frisst der Hamster nicht alles oder rührt einiges gar nicht an. Ab und zu wird einst verschmähtes Gemüse aber auch erst nach Wochen plötzlich interessant.
Obst sollte es hingegen maximal einmal pro Woche geben, denn Obst besitzt viel Zucker, der zu Übergewicht und Diabetes führen kann. Außerdem sollte Steinobst nicht zusammen mit Wasser angeboten werden, denn das kann zu Blähungen und Durchfall führen. Generell ist

es jedoch möglich, folgende Obst- und Gemüsesorten zur Verfügung zu stellen:

- Äpfel:
  Sie enthalten viel Zucker, deshalb selten verfüttern.
- Bananen:
  Sie sind sehr zuckerhaltig (darum nur wenig anbieten) und ein guter Zusatz bei Zwangsernährung.
- Birnen:
  Sie führen beim Verzehr mit Wasser zu Durchfall und sind sehr zuckerhaltig, daher nur selten geben.
- Broccoli:
  Nur wenig oder als Trockengemüse geben.
- Brombeeren:
  Sie führen beim Verzehr mit Wasser zu Durchfall.
- Blattspinat:
  Wegen des Oxalsäuregehaltes nur wenig verfüttern.
- Chicorée:
  Er enthält in den äußeren Blättern viel Oxalsäure.
- Endivien:
  Wegen des erhöhten Gehaltes an Kalium, Kalzium, Phosphor, Eisen und Vitamin A, B und C sowie der harn- und galletreibenden Wirkung nur wenig verfüttern. Auch wirken sie appetitanregend.
- Eisbergsalat

- Erdbeeren

- Feldsalat, Rapunzelsalat, Nüsslersalat:
  Darf nicht mit Nitrat belastet sein.

- Fenchelknollen sowie Fenchelgrün:
  Sie enthalten nur sehr wenig Safrol beziehungsweise Estragol. Dafür helfen sie bei Verdauungsbeschwerden und haben einen hohen Vitamin- und Mineralienanteil. Außerdem können sie den Urin rötlich verfärben.

- Gurken:
  Gurken aller Arten können verfüttert werden. Sie enthalten viel Wasser und führen bei großen Mengen zu matschigen Kötteln.

- Heidelbeere/Heidelbeerblätter sowie Heidelbeeräste:
  Maximal sollten zwei Beeren pro Woche dem Futter zugesetzt werden.

- Himbeeren und Himbeerblätter:
  Bei den Früchten kann in Verbindung mit Wasser Durchfall entstehen. Sie sollten nur wenig verabreicht werden.

- Johannisbeeren/Johannisbeer-Blätter und Johannisbeer-Äste:
  Nur alle 1 bis 2 Wochen geben.

- Kiwi:
  Die Fruchtsäure reizt die Augen und säuert den Urin an. Darum nur wenig anbieten.

- Kohlrabi:

  Die Knollen werden nur selten verabreicht. Ihre Blätter werden gut vertragen.

- Kopfsalat:

  Nur wenig anbieten.

- Kürbis:

  Alle Kürbisse, die Menschen vertragen, dürfen auch an Hamster verfüttert werden. Deshalb sind Zierkürbisse nicht zum Anbieten geeignet.

- Maiskolben/Zuckermaiskolben:

  Es dürfen sich frische oder getrocknete Blätter sowie frische beziehungsweise getrocknete, ungespritzte Maiskolben auf dem Speiseplan befinden, alles jedoch nur in geringen Portionsgrößen.

- Möhren/Karotten:

  Sie verfärben möglicherweise den Urin rötlich und beinhalten unterschiedliche Zuckersorten.

- Mangold:

  Er hat viel Oxalsäure und darf nur wenig angeboten werden.

- Paprika/Gemüsepaprika aller Farben:

  Gemüsepaprikas werden ohne Strunk und ohne unreife Stellen verfüttert. Sie sollen nur wenig und in kleinen Portionen dargeboten werden. Wegen des erhöhten Vitamin C-Gehaltes kann es leicht zu einem Vitaminüberschuss kommen. (Scharfe) Chilischoten oder das Paprika-Gewürz sind nicht als Futtermittel geeignet.

- getrocknete oder frische Pastinaken
- Petersilienwurzel:
  Sie darf nur trächtigen Hamstern nicht angeboten werden.
- Randen/Rote Bete:
  Sie hat viel Oxalsäure, kann den Urin und den Kot rot färben und sollte nur wenig verabreicht werden.
- Rauke/Rucola:
  Das Knollengewächs darf nur in kleinen Portionen gegeben werden. Es enthält Senföle und viel Nitrat.
- Romanasalat/Romanosalat/Römersalat beziehungsweise Lattich:
  Nur in geringen Portionen geben, ist sehr vitaminreich.
- Stangensellerie sowie Knollensellerie:
  Sind immer gut zu waschen oder zu schälen. Auch das Verfüttern von Blättern ist möglich.
- Stielmus/Rüpstil/Cime di Rapa
- Steckrübe/Kohlrübe:
  Wintergemüse mit vielen Vitaminen und sehr nahrhaft.

- Tomaten:

  Es dürfen nur die Früchte, ohne grüne Stellen, ohne zu weiche Stellen und ohne Kerne, angeboten werden. Darüber hinaus beinhalten Tomaten viel Zucker und können in zu großen Mengen zu Durchfall führen.

- Wassermelone:

  Die Süße fördert Diabetes. Also nur wenig als Leckerei geben.

- Weintrauben:

  Fördert aufgrund der Süße ebenfalls Diabetes und sollte daher nur wenig als Leckerei gegeben werden.

- Zucchini:

  Ist eher unbeliebt bei Hamstern. Es darf aber in geringen Portionsgrößen angeboten werden, Zucchini sind sehr wasserhaltig.

Futter zum Entdecken

In der Natur suchen und erarbeiten sich Hamster ihr Futter selber. Eine ähnliche Beschäftigungsmöglichkeit wünscht sich ein Hamster in der Heimtierhaltung auch. Darum sollte das Trockenfutter nicht im Napf angeboten werden. Besser ist es, das Trockenfutter im gesamten Gehege – nur nicht in der Pinkelecke – zu verstreuen. Ist dies der Hamster noch nicht gewohnt, sollte es erst einmal nur in der Nähe vom Futternapf platziert werden. Nach und nach werden dann die Körner im gesamten Gehege ausgebreitet. Auch ist es möglich, das Trockenfutter in Heubergen, Pappröhren oder sauberen Kartons zu verstecken. Erdnüsse mit ihrer Schale sowie Kerne können ebenso gut in der Buddelecke landen. Außerdem sind Kolbenhirse und Futterspieße sehr beliebt. Für die Spieße können Metallspieße in das Gehege gehängt werden, an denen Frischfutter befestigt wird. Dieses kann jedoch genauso versteckt oder im Frischfutternapf angeboten werden. Bei alldem sollte aber darauf geachtet werden, dass der Hamster nicht zu viel Frischfutter und Kolbenhirse bunkert. Zu guter Letzt ist auch eine kleine Graswiese einmal etwas anderes. Hierzu werden Gras- und Kräutersamen in einer Schale mit ungedüngtem Torf ausgesät. Sobald die Wiese etwa 10 cm in die Höhe gewachsen ist, wird sie zum Futtern und zum Auseinandernehmen in das Hamstergehege gestellt.

Die tierische Ernährung des Hamster

Hamster sind keine Vegetarier. Sie benötigen tierisches Protein, um keine Mangelerscheinungen zu bekommen. In der Regel reichen 3 bis 4 mal die Woche für eine tierische Futtergabe aus. Trächtige Weibchen dürfen gerne etwas mehr bekommen. Dieses verderbliche Futter sollte jedoch sofort verspeist werden. Im Angebot dürfen sich befinden:

- ein Stück eines hartgekochten Eies
- Katzenleckereien, Hundekuchen und Hundemüsli: Nur in kleinen Portionen sowie ohne Taurinzusatz
- ungewürztes und getrocknetes Fleisch
- gekochtes und ungewürztes Fleisch
- gekochter und ungewürzter Fisch
- Mehlkäferlarven:
  Die Mehlwürmer haben einen hohen Gehalt an Fett. Sie sollten pro Woche nur drei- bis viermal verfüttert werden.
- lebende Insekten, wie zum Beispiel: Grillen oder Heimchen:
  Damit die Insekten nicht durch die Wohnung beziehungsweise das Haus springen, funktioniert dies nur bei einer Haltung im Terrarium.
- getrocknete Insekten
- frische oder getrocknete Bachflohkrebse

- frische oder getrocknete Garnelen ohne Zusätze
- Magerquark, Hüttenkäse und Magermilchjoghurt: Sind am besten laktosefrei. Ein gestrichener Teelöffel pro Woche ist ausreichend.

Zusatzfutter

Zusätzliche Vitamine, Mineralien oder Snacks benötigen Hamster gar nicht oder nur selten, denn die Snacks aus dem Fachhandel haben mit einem artgerechten Futter meist nichts zu tun. Oftmals beinhalten sie Melasse, billigen Weizen, Backwaren sowie undeklarierte Nebenerzeugnisse. Durch ihre Stärke- und Zuckerhaltigkeit können Snacks zu Übergewicht, Fehlgärungen, verklebten Backentaschen, Diabetes, Zahnproblemen und vielen weiteren Erkrankungen beim Hamster führen. Zusätzliche Vitamine, Mineralien sowie Salzlecksteine sind hingegen bei einer gesunden und abwechslungsreichen Ernährung nicht nötig. Sie können sogar zu einem lebensgefährlichen Überschuss führen. Nur im Krankheitsfall sollten sie, nach vorheriger tierärztlicher Absprache, vorübergehend verabreicht werden.

Wasser

Obwohl Hamster nicht viel trinken, darf eine Wasserflasche beziehungsweise ein Wassernapf nicht im Gehege fehlen. Denn bei trockener Heizungsluft, Wetterumschwüngen oder bei Krankheitsbeginn, steigt der Wasserbedarf der Tiere etwas an. Bei dem Wasser handelt es sich im Idealfall um:

- Leitungswasser (bei starker Keimbelastung und zum Beispiel Nierenerkrankungen muss das Wasser gefiltert werden)

oder um

- nitratarmes und stilles Mineralwasser.

Wegen der Schadstoffbelastung gilt es, auf Regenwasser zu verzichten. Nagertrank enthält massenhaft ungeeignete Zusätze und sollte deshalb dem Hamster besser nicht angeboten werden.

Was Hamster nicht als Futter vertragen?

Obwohl Hamster einen großen Speiseplan haben, sollte ihnen Folgendes nicht oder nur bedingt als Futter angeboten werden:

- altes, festes Brot:
  Es kann nur schwer verdaut werden. Es beinhaltet Salz, Konservierungsstoffe und Backtriebmittel sowie leider auch oftmals Schimmelsporen. Brot kann außerdem zu Übergewicht führen.
- Auberginen:
  Sie enthalten viel Solanin.
- Blätter, Kerne sowie Rinden von Steinobst beziehungsweise Steinobstbäumen
- Eichen:
  Sie sind geringfügig giftig.
- exotische Früchte
  Sie führen oftmals zu schweren Verdauungsproblemen.
- Fleischersatzprodukte:
  Sie sind gewürzt, gesalzen oder verursachen Aufgasung und liefern nicht die notwendigen Proteine in einer geeigneten Menge.

- gesalzene Nudeln

  Hamster vertragen kein gesalzenes Essen. Nudeln im Trockenfutter darum nur ungekocht oder salzlos gekocht verfüttern.

- gezuckerte Cornflakes

- gezuckertes Früchtemüsli

- giftige Pflanzen:

  Gemeint sind zum Beispiel: Aloe Vera, Agave, Amaryllis, Aronstab, Azalee, Bärenklau, Bärlauch, Buchsbaum, Efeu, Eisenhut, Fingerhut, Fensterblatt, Farne, Geranien, Ginster, Goldregen, Hahnenfuß, Heckenkirsche, Hundspetersilie, Kartoffelkraut, Kalla, Lebensbaum, Kirschlorbeer, Lilien, Mistel, Maiglöckchen, Osterglocke, Rebendolde, Primel, Sauerklee, Schachtelhalm, Schneebeere, Schneeglöckchen, Seidelbast, Stechapfel, Sommerflieder, Wacholder, Wunderstrauch sowie Zypressenwolfsmilch.

- große Mengen an Steinobst

  Sie beinhalten zu viel Zucker und führen zusammen mit Wasser zum Durchfall.

- grüne Stellen und Triebe von Kartoffeln sowie Kartoffelgrün:

  Sie sind giftig.

- Kastanien:

  Sie reizen den Darm.

- manche Avocadosorten:
  Sind giftig.
- Rhabarber, Rettich:
  Sie sind leicht giftig.
- rohes Fleisch:
  Ist schwer verdaulich und schimmelt schnell.
- rohe Hülsenfrüchte:
  Sie führen zu Blähungen.
- rohe Kartoffeln:
  Sie sind schlecht verdaulich.
- Tannen mit ätherischen Ölen und klebendem Harz:
  Dies sind zum Beispiel Weißtanne, Edeltanne, Fichte, Rottanne.
- Thuja (Lebensbaum), Eibe, Zypressen:
  Sie besitzen Giftstoffe.
- Steine beziehungsweise Kerne vom Steinobst:
  In ihnen befindet sich Amygdalin, das sich im Darm zu Blausäure umwandelt.
- unreife Avocados:
  Können zu Durchfall führen.
- Weiden:
  Sie werden wegen ihrer arzneilich wirkenden Inhaltsstoffe nur selten empfohlen.
- Zwiebelgewächse sämtlicher Arten

Hamster-Gesundheit

Die tägliche/wöchentliche Gesundheitskontrolle

Ein Hamster versucht gerne, seine Krankheiten zu verbergen. Er frisst weiterhin und läuft wie gewohnt sein Revier ab. Erst, wenn die Erkrankung bereits fortgeschritten ist, fällt sie dem Halter beziehungsweise der Halterin auf. Weil es dann aber schon zu spät sein kann, ist ein täglicher Gesundheitscheck durchzuführen. Dabei gilt es, Folgendes zu beobachten:

- Wird der Hamster zur gewohnten Zeit munter?
- Zeigt er Interesse für seine Umgebung?
- Bewegt er sich normal?
- Ist er aktiv im Laufrad unterwegs?

Außerdem sollte Folgendes einmal pro Woche durchgeführt werden:

- Abtastungen des Tieres nach Verdickungen, Tumoren oder Aufgasung
- Gewichtskontrolle und Notieren des Gewichtes
- Ohren- sowie Augenkontrolle
- Schneidezähne-Kontrolle

- Afterkontrolle nach verklebten Stellen sowie
- Fellkontrolle nach kahlen Stellen, Läsionen usw. (das Fell dabei gegen den Strich streicheln).

Die richtige Tierarztwahl

Der richtige Tierarzt beziehungsweise die richtige Tierärztin sollte bereits vor einer ernsthaften Erkrankung gefunden werden. Er beziehungsweise sie kennt sich im Idealfall gut mit Hamstern aus, untersucht das Tier und erklärt dabei das Vorgehen. Außerdem erklärt er beziehungsweise sie das Krankheitsbild, die Heilungschancen und die Medikamente samt Inhaltsstoffen sowie (Neben)-Wirkungen. Für all dies wird sich Zeit genommen. Fragen werden gewissenhaft und verständlich beantwortet. Ist dies nicht der Fall oder bleiben Zweifel, sollte ein anderer Tierarzt beziehungsweise eine andere Tierärztin aufgesucht werden.

Verhalten beim Tierarztbesuch

Um den Hamster zum Tierarzt beziehungsweise zur Tierärztin zu bringen, kommt er in eine Kunststoff-Transportbox hinein. Auch das Haus beziehungsweise Nest darf nicht fehlen, weshalb die Öffnung der Box groß genug sein sollte. Auch ist eine gute Belüftung, Einstreu, Trockenfutter und etwas wasserhaltiges Futter, wie zum Beispiel Gurke, wichtig. Die Transportbox ist im Idealfall nicht durchsichtig, weil das die Tiere nervös macht. Durchsichtige Boxen können aber auch mit einem Tuch abgedeckt werden. Beim Tierarzt beziehungsweise bei der Tierärztin haben solche Transportboxen den Vorteil, dass die kleinen Nager unter Umständen nicht unbedingt herausgenommen werden müssen. Außerdem ist zu beachten, dass das Tier im Winter nicht auskühlen darf. Eine warme, in ein Handtuch eingewickelte, Wärmflasche kann dabei behilflich sein. Im Sommer hingegen ist auf gute Klimatisierung achtzugeben. Auch eine Trinkflasche darf in der Transportbox nicht fehlen. Am besten werden die Tierarztbesuche auf die Morgen- beziehungsweise Abendstunden gelegt und auf dem kürzesten Weg erledigt. Weil auch der Besitzer beziehungsweise die Besitzerin nervös sein könnte, wird empfohlen, sich zuvor einige Notizen zu machen, über:

- Alter und Gewicht des Tieres
- bisherige Medikamente
- eigene Heilungs- und Medikationsversuche
- Krankheitsanzeichen
- Vorerkrankungen

In der Tierarztpraxis kann dann Folgendes notiert werden:

- Diagnose
- Behandlung und Medikamente mit Medikamentennamen, Wirkungsweise sowie Dosierung
- weitere Pflegemaßnahmen
- weiterer Krankheitsverlauf und Zeitpunkt möglicher Besserung
- Wann liegen Ergebnisse von Proben vor?
- Sind weitere Tierarztbesuche notwendig, wenn ja, wann?

Augenerkrankungen

Bei Augenerkrankungen können folgende Symptome vorkommen:

- gerötete Augenränder
- getrockneter Ausfluss im Auge
- kahle Stelle
- milchiger beziehungsweise wässriger Ausfluss um die Augen
- nasse Stellen oder Verkrustungen im Fell
- Verklebungen im Augenbereich
- zugeschwollenes Auge

Was verursacht oder begünstigt Augenprobleme?

- Backentaschenprobleme sowie Tumore
- sämtliche Allgemeinerkrankungen
- staubige Einstreu
- Verletzungen durch Fremdkörper (zum Beispiel: Stroh, Einstreu, Heuhalme)

Wie erfolgt die Behandlung?

Die Behandlung muss von einem Tierarzt beziehungsweise einer Tierärztin durchgeführt werden. Natürlich kann sich der Besitzer beziehungsweise die Besitzerin das Auge schon einmal selber zu Hause ansehen. Sind beide Augen von den Veränderungen betroffen, steckt vielleicht eine bakterielle Infektion dahinter. Ansonsten kann sich auch ein Fremdkörper im Auge befinden, der fachärztlich entfernt werden muss. Versucht sich ein Laie an der Entfernung, kann es schnell zu weiteren gefährlichen Verletzungen kommen. Verklebungen können hingegen vorsichtig mit einem sauberen Taschentuch gereinigt werden. Das Tuch ist mit einer Kochsalzlösung aus der Apotheke, warmem Wasser beziehungsweise entsprechenden Augentropfen zu versehen. Nicht verwendet werden darf Kamille. Außerdem sollte kein Druck ausgeübt werden. Bei einer bakteriellen Infektionserkrankung beziehungsweise einer Verletzung ist eine tierärztliche Untersuchung erforderlich. Es können die folgenden Medikamente verschrieben werden:

- Floxal®
- Posifenicol®
- Gentamycin®

Backentaschenerkrankungen

Bei Backentaschenerkrankungen können folgende Symptome vorkommen:

- Backentaschen werden nicht mehr geleert
- Es wird nur eine Backentasche entleert
- filzige und feuchte Maulumgebung sowie tränende Augen
- Gewichtsverlust
- keine Fellpflege
- kein Futtersuchen und –sammeln
- Lustlosigkeit
- Tier streicht sich oft über die Backentaschen
- unangenehmer Maulgeruch
- Unruhe
- verringerte Nahrungsaufnahme

Was verursacht oder begünstigt Backentaschenprobleme?

- falsches, zuckerhaltiges Futter
- Futterklumpenbildung
- Stress durch Artgenossen und zum Beispiel zu kleiner Käfig
- ungeeignetes Nistmaterial
- Verletzung durch Getreidekörner
- zu viel Futter in den Backentaschen

Wie erfolgt die Behandlung?

Bestehen Backentaschenprobleme muss ein Tierarzt beziehungsweise eine Tierärztin behilflich sein. Er oder sie kann die Backentaschen entleeren. Bei einer Entzündung bekommt der kleine Nager ein Antibiotikum. Dazu kann der Mund 1 bis 2 mal pro Tag mit Kamillentee ausgespült werden. Es ist auch möglich, diesen, neben dem gewöhnlichen Trinkwasser, zum Trinken anzubieten. Eventuell muss das Tier auch zwangsernährt werden, sollte es nicht von allein fressen.

Durchfallerkrankungen

Bei Durchfallerkrankungen können folgende Symptome vorkommen:

- breiige Kotabsonderungen im Gehege
- stark riechender Kot
- Schmerzen
- struppiges und schlecht geputztes Fell
- Teilnahmslosigkeit
- verschmutztes Fell am After
- verringerte Futteraufnahme

Was verursacht oder begünstigt Durchfall?

- bakterielle Infektion
- Hefepilzinfektionen
- Obst und Gemüse nicht richtig gewaschen oder getrocknet
- schädliche Dinge wurden verzehrt, wie etwa Zigaretten, Giftpflanzen, Katzenstreu
- schlechtes oder verschimmeltes Trockenfutter
- Stress, zum Beispiel durch Umzug, Artgenossen und zu häufige oder vernachlässigte Käfigreinigung
- Virusinfektion

- Wurmbefall
- zu schnelle Futterumstellung

Wie erfolgt die Behandlung?
Erst einmal ist es nötig, die Ursache abzuklären. Bei zu viel Grünfutter wird dieses abgesetzt. Sobald sich der Kot gefestigt hat, kann in kleinen Portionen wieder angefangen werden, Grünfuttergaben anzubieten. Außerdem sollte die Afterregion gereinigt werden. Besteht der Durchfall länger als Stunden, muss eine tierärztliche Untersuchung erfolgen. Dazu wird auch eine Kotprobe mitgenommen, an der Bakterien, Wurmeier und andere Krankheitserreger identifiziert werden können. Es können folgende Medikamente verwendet werden, wie zum Beispiel:

- Chloramphenicol
- Dimetridazol
- Enrofloxacin
- Fenbendazol
- Marbofloxacin
- Nyastin
- Ronidazol
- Tetrazyklin

Wichtig ist, dass der Hamster nicht dehydriert. Trinkt er von sich aus kein Wasser, muss es ihm mit einer Pipette verabreicht werden. Ebenso ist es wichtig, die Darmflora wieder aufzubauen. Dies funktioniert mit:

- 1/4 TL LC1-Joghurt pro Tag
- Baby-Karotten oder Baby-Apfelbrei
- Bird Bene Bac
- Fenchel- und Kamillentee
- Omniflora N
- Pro Pre Bac 0,30 ml

Frisst das Tier gar nicht oder viel zu wenig, muss es möglicherweise zwangsernährt werden.

Erkältungskrankheiten/Schnupfen

Bei Erkältungskrankheiten beziehungsweise Schnupfen können folgende Symptome vorkommen:

- anstrengend wirkende Sitzhaltung
- Augenausfluss
- blubbernde oder knackende Atemgeräusche
- gesträubtes Fell
- Gewichtsabnahme
- häufiges Niesen
- Nahrungsverweigerung
- Nasenausfluss
- schnelle Herzfrequenz
- starke Flankenatmung
- Unruhe oder vermehrtes Schlafbedürfnis
- würgende Geräusche

Was verursacht oder begünstigt Erkältungskrankheiten beziehungsweise Schnupfen?

- andere Erkrankungen, die dem Tier Stress bereiten
- Ansteckung über den erkrankten Besitzer beziehungsweise die erkrankte Besitzerin.
- Durchzug
- falsche Käfigeinrichtung (Plastikhäuschen und Plastikröhrchen führen zu einer feucht-warmen Umgebung, in der sich Bakterien wohlfühlen)
- geschlossenes Gehege
- Sauberkeit (Käfig wird zu oft gereinigt, was zu Stress führt und so das Immunsystem schwächt)
- starker Stress
- rauchender Besitzer beziehungsweise rauchende Besitzerin im Aufenthaltsraum des Hamsters
- trockene Heizungsluft
- Unsauberkeit (Käfig wird zu selten gereinigt)
- Vitamin- und Mineralstoffmangel durch falsche Ernährung

Wie erfolgt die Behandlung?

Bei Erkältungskrankheiten oder Schnupfen ist tierärztliche Hilfe nötig. Nach der Untersuchung verschreibt er zum Beispiel folgende Medikamente:

- Chloramphenicol,
- Enrofloxacin (zum Beispiel: Baytril® 0,5 %ige orale Lösung; 0,3 ml pro 1 kg Körpergewicht)
- Marbofloxacin (zum Beispiel: Marbocyl® 2 %ige Injektionslösung; 0,1 ml pro 1 kg Körpergewicht)

Diese sollten mindestens 5 Tage lang verabreicht werden. Wirkt das erstverabreichte Medikament nicht, empfiehlt es sich, eine Sekretprobe ins Labor zu schicken. Anschließend kann ein Mittel verordnet werden, das speziell gegen die bei der Laboruntersuchung gefundene Bakterienart wirksam ist.

Nach vorheriger tierärztlicher Absprache können außerdem Vitaminpräparate vorübergehend bei der Genesung behilflich sein. Dazu ist es ratsam, den Hamster 2 mal pro Tag mit einem Kräuteraufguss inhalieren zu lassen. Geeignet sind Kamille, Fenchel, Lindenblüten sowie Thymian. Der Kräuteraufguss kommt in eine Schüssel und wird vor der Transportbox mit dem Hamster platziert. Dabei muss auf eine gute Belüftung geachtet werden. Ebenso ist es möglich, die genannten Kräuter zusätzlich zum Wasser als Getränk anzubieten.

Weil durch die Einnahme von Medikamenten gegen Erkältungkrankheiten beziehungsweise Schnupfen die Darmflora leidet, kann 5 Tage lang Omniflora N verabreicht werden.

Zudem benötigen kranke Tiere Wärme. Eine Rotlichtlampe mit handwarmer Temperatur darf auf eine Ecke im Gehege ausgerichtet werden. Der Hamster muss selber entscheiden können, ob die Wärme der Rotlichtlampe hilfreich für seine Gesundung ist oder nicht.

Zu guter Letzt muss bedacht werden, ob bei einer kompletten Nahrungsverweigerung eine Zwangsernährung angezeigt ist.

Gebärmutterentzündung (Endometritis)

Bei Gebärmutterentzündung können folgende Symptome vorkommen:

- Aktivitätsverlust
- Druckempfindlichkeit an der Bauchregion
- eitriger beziehungsweise blutiger Scheidenausfluss
- Futterverweigerung
- gekrümmte Körperhaltung
- Gewichtsverlust
- starke Geruchsbildung
- verschmierte beziehungsweise schmutzige Anal- und Geschlechtsregion
- Umfangsvermehrung an der Bauchregion

Was verursacht oder begünstigt eine Gebärmutterentzündung?

- Alterung ab dem 6. Lebensmonat
- bakterielle Erreger
- Stress
- Unsauberkeit
- zu viele Trächtigkeiten

Wie erfolgt die Behandlung?

Bei den ersten Anzeichen muss sofort ein Tierarzt beziehungsweise eine Tierärztin aufgesucht werden. Sonst kann das Hamster-Weibchen an der Entzündung sterben. Nach der Untersuchung werden dem Tier für 7 bis 10 Tage Antibiotika verordnet. Dabei kann es sich zum Beispiel um folgende Wirkstoffe handeln:

- Chloramphenicol (2 bis 5 mg pro 100 g Körpergewicht)
- Marbofloxacin (zum Beispiel: Marbocyl® 2 %ige Injektionslösung; 0,1 ml pro 1 kg Körpergewicht)

Außerdem sollte das Antibiotikum nicht über das Wasser verabreicht werden, denn Hamster nehmen nur wenig Trinkwasser auf. Darüber hinaus kann es hilfreich sein, die Gebärmutter zu entfernen, wenn es die Gesundheit des Tieres zulässt.

Außerdem können der Hamster-Dame folgende Arzneimittel zur Schmerzlinderung verabreicht werden:

- Carpophen (wie Rimadyl®)
- Meloxicam (wie Metacam®)
- Metamizol (wie Novalgin®)

Bei Nahrungsverweigerung muss zudem über eine Zwangsernährung nachgedacht werden.

Lymphozytäre Choriomeningitis (LCM)

Bei lymphozytärer Choriomeningitis können folgende Symptome vorkommen:

- Bindehautentzündung
- grippeähnliche Symptome bei Tieren zwischen 3 und 6 Monaten
- Krämpfe
- Lähmungen
- leichte Entwicklungsstörungen

Was verursacht oder begünstigt lymphozytäre Choriomeningitis?

- Arenavirus

Der Arenavirus wird durch Bisswunden übertragen und nur selten schon im Mutterleib auf den Embryo übertragen. Zu beachten ist, dass auch Menschen LCM bekommen können. Hier erfolgt die Übertragung unter anderem durch blutsaugende Insekten oder Ausscheidungen.

Wie erfolgt die Behandlung?

Besteht der Verdacht auf lymphozytärer Choriomeningitis, muss sofort ein Tierarzt oder eine Tierärztin aufgesucht werden. Außerdem ist zu beachten, dass auch Menschen an dieser Meningitisform erkranken können. Vor allem bei schwangeren Frauen besteht das Risiko von Fehlgeburten oder einer Fruchtmissbildung. Sie sollten die Tiere nur mit Handschuhen versorgen oder die Aufgabe vorübergehend an ein anderes Familienmitglied abgeben.

Lippengrind

Bei Lippengrind können folgende Symptome vorkommen:

- Fellverlust an den Lippen sowie an den Mundwinkeln
- schorfige Veränderungen an den Lippen sowie Mundwinkeln

Was verursacht oder begünstigt Lippengrind?

- Bakterien
- Pilze
- Speisereste
- Stress
- Vitamin C-Mangel

Wie erfolgt die Behandlung?

Ein Hamster mit Lippengrind muss beim Tierarzt beziehungsweise bei der Tierärztin vorgestellt werden. Hier werden durch Tupferproben beziehungsweise Hautabstriche Erregernachweise erstellt. Anschließend bekommt der Hamster meist Vitamin A-haltige Medikamente. Auch Wund- und Heilsalben sind möglich. Je nach Erreger kommen verschiedene Anti-Pilzmittel hinzu. Wird Lippengrind durch Speisereste ausgelöst, ist es oftmals ausreichend, sie von Speiseplan zu nehmen (Grind mit Kamilleaufguss aufweichen) sowie mit Vitamin A-haltiger Salbe zu versorgen. So oder so benötigt der Hamster nun vermehrt seine Ruhe. Außerdem sollte er in dieser Zeit keine säurehaltigen Obstsorten bekommen. Die Sonne kann hingegen bei der Heilung helfen.

Hitzschlag

Bei einem Hitzschlag können folgende Symptome auftreten:

- komplette Teilnahmslosigkeit
- schnelle und flache Atmung
- schneller, aber schwacher Puls
- vermehrtes Einspeicheln

Was verursacht oder begünstigt einen Hitzschlag?

- fehlende Abkühlungsmöglichkeiten
- fetthaltige Ernährung
- hohes Alter
- Temperaturen über 25 °C, wobei die Temperaturen im Gehege gemessen werden sollten, weil sie hier höher sein können als außerhalb
- Trächtigkeit

Wie erfolgt die Behandlung?

Ein Hamster mit Hitzschlag muss sofort zum Tierarzt oder zu einer Tierärztin gebracht werden. Sonst kann das Tier daran sterben. Für den Weg wird der kleine Nager in ein feuchtes und leicht kühles Handtuch eingewickelt. Nur der Kopf bleibt noch draußen. Auch ist es ratsam, die Füßchen in angenehm kühles Wasser einzutauchen. Außerdem ist eine ausreichende Flüssigkeitszufuhr mithilfe einer Pipette wichtig. Der Tierarzt beziehungsweise die Tierärztin wird dem Hamster eine Infusion verabreichen. Droht Kreislaufversagen, können auch Corticoide gespritzt werden.

Hitzschlag – wie vorbeugen?

Damit ein Hitzschlag gar nicht erst entsteht, sollten dem Tier Abkühlungsmöglichkeiten zur Verfügung gestellt werden. Solche könnten zum Beispiel sein:

- am Tag die Vorhänge zuziehen und in der Nacht gut durchlüften (der Hamster darf aber nicht im Zug stehen)
- bei Langhaarhamstern das Fell kürzen
- ein zusätzlicher Sandkasten mit feuchtem, nicht zu nassem Sand
- energieärmere Fütterung
- feuchte Tontöpfe so in das Gehege legen, dass sie den Hamster nicht überrollen können

- Kacheln, Keramikteller beziehungsweise Steinplatten im Gehege so auslegen, dass sich die Tiere wahlweise hierauf abkühlen oder den normalen Boden nutzen können
- Kühlakkus in ein Tuch einwickeln und auf den Käfig legen
- mehr wasserhaltiges Futter wie Salat oder Gurke anbieten
- Transporte vermeiden oder auf die Morgen- oder Abendstunden verlegen
- Wasser im Wassernapf häufiger wechseln

Bei sämtlichen Abkühlungsvarianten sollte bedacht werden, dass sich die Tiere immer für oder gegen die Nutzung entscheiden können. Darum sollten sie immer nur auf einer Gehegeseite angeboten werden. Außerdem sollten im Sommer die Futtervorräte vermehrt kontrolliert werden. Auch wird davon abgeraten, Ventilatoren auf das Gehege zu richten. Sie blasen die Luft umher, kühlen sie jedoch nicht ab. Durch den Wind werden Augen und Schleimhäute ausgetrocknet, was massive gesundheitliche Folgen mit sich bringen kann.

Parasitenbefall

Bei einem Parasitenbefall können folgende Symptome vorkommen:

- Aggressivität
- Blähungen
- Fellausfall
- Gewichtsabnahme
- Hinterteil wird am Boden herumgeschleift
- Juckreiz
- schorfige oder blutige und verkrustete Wunden
- struppiges Fell
- Schuppenbildung
- Unruhe beziehungsweise Inaktivität

Was verursacht oder begünstigt einen Parasitenbefall?

- andere Erkrankungen
- Ansteckung durch bereits erkrankte Tiere anderer Arten oder Artgenossen
- falsche Käfigeinrichtung (Plastikhäuschen sowie Plastikröhrchen fördern feuchtes Klima, was der Vermehrung von Parasiten Vorschub leistet)
- Fettsäuremangel

- parasitenhaltiges Heu und Einstreu
- Sauberkeit (der Käfig wird zu oft gesäubert, was die Abwehrkräfte des Hamsters schwächen kann)
- Stress
- Unsauberkeit, zum Beispiel verschimmelte Essensreste durch vernachlässigte Reinigung
- vitamin- und mineralarme Ernährung

Wie erfolgt die Behandlung?

Von einer Eigenbehandlung ohne fachärztliche Absprache sollte abgesehen werden. Besser ist es, das Tier zum Tierarzt oder zur Tierärztin zu bringen. Hier wird in aller Regel ein Medikament gegen die Parasiten verordnet. Dies kann zum Beispiel sein:

- Advocate: 0,01 ml pro 100 g Körpergewicht als Spot on auf den Tiernacken
- Doramectin: Decotmax zum Injizieren
- Fenbendazol: Panacur®, 10 mg pro 1 kg Körpergewicht
- Febantel: Rintal®, 5 - 20 mg pro 1 kg Körpergewicht
- Ivermectin: Ivomec zum Spritzen oder als Spot on auf den Tiernacken

- Strongholt: 1 Tropfen als Spot on auf den Tiernacken

Außerdem sollte das Gehege gründlich mit Essigwasser gereinigt und gut mit sauberem Wasser ausgespült werden, um einen erneuten Befall zu verhindern. Nachdem das Gehege getrocknet ist, erfolgt diese Reinigung ein zweites Mal. Auch alle Einrichtungsgegenstände müssen gesäubert werden. Holz- und Korkteile können bei 100 °C im Ofen für 40 Minuten ausgebacken werden. Nichtabwaschbare Teile, wie zum Beispiel Heunester, können für 48 Stunden in die Tiefkühltruhe oder in den Gefrierschrank verbracht werden. Auch sind das Futter und die Einstreu zu erneuern. Beides muss nicht unbedingt neu gekauft werden, wenn es vor dem Gebrauch für 2 Tage eingefroren wird.

Schließlich ist meistens nach 10 bis 14 Tagen eine Nachbehandlung erforderlich, denn die abgetöteten Parasiten haben ihre Eier im Fell abgelegt. Aus diesen schlüpfen nun die Larven, die sofort vernichtet werden müssen.

Pilzbefall

Bei einem Befall von Hautpilzen können folgende Symptome auftreten:

- Haarausfall
- kreisrunde, haarlose, weißlich schorfige Stellen
- verschorfte Stellen an Schnauze sowie Ohren

Bei einem Befall von Darmpilzen können folgende Symptome vorkommen:

- Durchfall oder Verstopfung
- Gewichtsabnahme
- Haut- und Fellschäden
- Zahnabbruch

Was verursacht oder begünstigt einen Pilzbefall?

- Alter des Hamsters
- falsche Einstreu oder Einrichtung, insbesondere unverpackte Heunester aus Geschäften sind meist Herde für Pilzsporen
- starker Stress
- Terrarienhaltung
- Unsauberkeit

- Veränderung der Futterzusammensetzung
- verdorbenes Futter
- vitamin-, mineral- und fettsäurearme Ernährung
- Vorerkrankungen
- zuckerhaltige Ernährung
- zu schnelle Futterumstellung

Wie erfolgt die Behandlung?

Leidet ein Hamster an Haut- oder Darmpilzen, muss er tierärztlich untersucht werden. Für die Diagnosestellung wird eine Fell- oder Kotprobe benötigt. Anschließend können bei Hautpilzen folgende Mittel verwendet werden:

- Canesten® als Salbe oder Lösung
- Itraconazol: Itrafungol®
- Lufenuron: Program®
- Nystatin: Nystaderm® als Mundgel oder Suspension
- verschiedene Augensalben

Die Behandlung sollte nach Abklingen der Symptome noch 7 Tage und insgesamt mindestens 3 Wochen lang weitergeführt werden.

Außerdem ist es möglich, bei starkem Juckreiz Fenistil Tropfen 1:3 mit Wasser zu verabreichen.

Gegen Darmpilze hilft hingegen:

- Nystatin: Nystaderm® Saft, die ersten 3 Tage 1 mal pro Tag 0,2 ml, danach nur noch 0,1 ml. Dieses Medikament sollte mindestens 2 Wochen lang verabreicht werden.

Bei Darmparasiten sollte 6 bis 8 Wochen nach Behandlungsende eine Nachuntersuchung des Kotes stattfinden.

Auch ist bei Pilzbefall eine gründliche Gehegereinigung zwingend notwendig. Holzinventar muss heiß abgewaschen und bei 100 °C für 40 Minuten im Ofen ausgebacken werden. Einstreureste sowie Heunester müssen komplett entfernt werden.

Wucherungen

Es können diverse Wucherungen auftreten. Je nachdem, um welche Wucherung es geht, können folgende Symptome auftreten:

- ein Auge steht etwas hervor
- einseitiger Haarausfall
- ertastbare, knotenähnliche Gebilde unter der Haut
- Flankendrüsen funktionieren nicht mehr richtig
- kleine Kammern oder Blasen in der Mundhöhle, um den Maulbereich herum, am Kopf oder an kahlen Stellen
- Schmerzen
- sichtbare, ertastbare Verdickungen unter der Haut
- starker Juckreiz
- viele Jungtiere in einem Wurf sterben, wenn die Mutter erkrankt ist

Was verursacht oder begünstigt Wucherungen?

- bei Papillomatose: andere erkrankte Tiere, Kontakt mit infizierten Futter, Menschen und Einrichtungsgegenstände
- Keime, Bakterien sowie Viren

- Operations-Narben
- Östrogeneinfluss
- Übergewicht
- Verletzungen zum Beispiel durch Rangkämpfe
- Wunden an den Zitzen durch Säugen von Jungtieren

Wie erfolgt die Behandlung?

Sobald Verdacht auf eine Wucherung besteht, muss der Hamster zum Tierarzt oder zur Tierärztin gebracht werden. Je nach Art wird die Wucherung entweder nicht behandelt oder chirurgisch entfernt. Außerdem ist bei Fettgeschwulsten eine Futterumstellung ratsam. Bei einer Mastitis (Gesäugekomplex-Anschwellung) wiederum sollte der noch lebende Nachwuchs per Hand aufgezogen werden. Die Hamstermutter wird dann parallel dazu mit Medikamenten behandelt. Bei Wucherungen, die nicht entfernt werden können und dem Tier starke Schmerzen bereiten, ist über eine Einschläferung nachzudenken. Schließlich ist bei der Papillomatose auf eine gewissenhafte Gehege-Sauberkeit zu achten. Betroffene Tiere müssen von Artgenossen strikt getrennt werden. Begleitend sollte sich der Halter oder die Halterin nach der Tierversorgung die Hände gut waschen sowie die Kleidung wechseln.

Operationen vorbereiten

Hamster können aus unterschiedlichen Gründen operiert werden müssen. Damit das Tier nicht unter zu viel Stress leidet, sollte es einige Tage vorab schon einmal an weniger Platz gewöhnt werden. Außerdem wird empfohlen, die Einstreu herauszunehmen und durch Handtücher zu ersetzen. Unbedrucktes Papier, wasserlösliches Toilettenpapier sowie wasserlösliche Taschentücher werden am besten zum Nestbau angeboten. Außerdem bekommt der Hamster am Abend zuvor sein vorerst letztes Frischfutter. Trockenfutter sollte ihm jedoch, wie gewohnt, zur Verfügung stehen. Schließlich würde eine komplette Ausnüchterung starke Verdauungsprobleme mit sich bringen. Wissenswert ist, dass Hamster sich nicht erbrechen können.

Die Operationsnachsorge

Erst, wenn das Tier aus der Narkose vollständig erwacht ist, darf es mit nach Hause genommen werden. Während des Aufwachens kann es nämlich zu Komplikationen kommen, mit denen der Halter beziehungsweise die Halterin überfordert ist. Außerdem ist das Tier auf dem Nachhauseweg zu wärmen. Dazu wird eine handwarme Wärmflasche mit einem Handtuch umwickelt und mit in die Transportbox gelegt. Zu Hause angekommen, wird das Sandbad entfernt, um die Wunde sauber zu halten. Von nun an lebt der Patient eine Woche lang auf Handtüchern, wobei die Wunde täglich kontrollieren werden muss. Zieht sich der Nager selber die Fäden? Hat das Tier sichtliche Schmerzen? Beginnt die Wunde zu bluten oder verändert sie sich anderweitig negativ? Dann sollte sofort eine tierärztliche Versorgung zustande kommen. Zu guter Letzt sollte der kleine Freund bald wieder von alleine mit dem Fressen beginnen. Sonst muss er unter Umständen zwangsernährt werden.

Die Zwangsernährung

Unter bestimmten Umständen verweigert ein Hamster das Fressen. Damit er nicht stirbt, kann mit dem Tierarzt oder mit der Tierärztin nach 24-stündiger Futterverweigerung über eine Zwangsernährung nachgedacht werden. Der Tierarzt beziehungsweise die Tierärztin wird auch den Grund für die Futterverweigerung (Krankheit, Schmerzen) herausfinden und dagegen vorgehen.

Der Brei für die Zwangsernährung kann selber gemischt werden. Bei dem Tierarzt oder bei der Tierärztin gibt es fertige Breie. Solche sind zum Beispiel:

- Critical Care
- Marumoto
- ZooDi® Aufbaubrei

Die Breie werden angerührt und in flachen Schalen direkt vor dem Schlafplatz des Hamsters platziert. Frisst das Tier gar nicht alleine, können sie in einer Spritze oder Pipette aufgezogen werden, die seitlich hinter den Backenzähnen entleert wird. Dabei werden jedoch nur kleine Mengen in den Mund gespritzt. Erst wenn alles geschluckt und eine Atempause gewährt wurde, kommt die nächste Portion dran. Dabei sollte sich Zeit gelassen werden, damit sich der Hamster nicht verschluckt.

Ähnlich wie beim Zwangsfüttern kann es auch bei der Wassergabe ablaufen. Trinkt das Tier gar nicht von allein, werden ihm mit einer Spritze oder mit einer Pipette 2 mal pro Tag je 1 ml Wasser verabreicht.

Außerdem darf der Hamster bei alledem nicht senkrecht gehalten oder auf den Rücken gedreht werden. Besser ist es, eine natürliche Haltung zuzulassen.

Wenn der Hamster stirbt

Dies ist für viele Halter oder Halterinnen ein sehr trauriges Ereignis. Die Gründe können das Alter oder eine Erkrankung sein. Was für die Besitzer oder die Besitzerinnen ein Schock ist, ist für das Tier unvermeidlich, denn nach jedem Leben kommt ein Tod. Dieser sollte jedoch eindeutig festgestellt werden. Ist der Hamster noch warm, gilt es eine Zeit lang zu warten und zu versuchen, den Herzschlag abzuhören. Vielleicht schläft das Tier einfach nur sehr fest. Insbesondere Hamster, die bei Heimtierhaltung in den Winterschlaf gefallen sind, wurden schon manchmal fälschlicherweise für tot erklärt. Ist der kleine Nager aber wirklich gestorben, gibt es verschiedene Beerdigungsmöglichkeiten für ihn. Solche sind zum Beispiel:

- Beerdigung im eigenen Garten (in Wasserschutzgebieten nicht erlaubt)
- Einäscherung über den Tierarzt
- Entsorgung über den Hausmüll (für Kleintiere bis zur Rattengröße gestattet)
- hergerichtete Pappsärge zum Bestatten
- Kremierung über einen Tierbestatter
- Tierfriedhöfe

Schlusswort

Schließlich sind wir nun auch schon am Ende des Buches angelangt und ich hoffe, dass Dir mein Buch eine Hilfestellung bei der Erziehung Deines Hamsters geben konnte. Wir haben hierbei gemeinsam verschiedene thematische Bereiche behandelt – angefangen von der Hamster-Anatomie über den Hamster-Nachwuchs, den Gegehegeanforderungen, der richtigen Auswahl des Futters bis hin zu krankheitsbedingten Fällen und dessen Medikation bzw. Behandlung.

Mit den Wissen solltest Du nun bestens gewappnet sein, um Deinen Hamster ein langes und glückliches Leben zu bieten und euer Zusammenleben so gut es geht, gemeinsam zu gestalten.

Ich wünsche Dir und Deinem Hamster viel Spaß dabei!
Deine Anne Davidek

Rechtliches und Impressum

Die Inhalte dieses Buches wurden anhand von anerkannten Quellen recherchiert und mit hoher Sorgfalt geprüft. Der Autor übernimmt dennoch keinerlei Gewähr für die Aktualität, Richtigkeit und Vollständigkeit der bereitgestellten Informationen.

Haftungsansprüche gegen den Autor, welche sich auf Schäden gesundheitlicher, materieller oder ideeler Art beziehen, die durch Nutzung oder Nichtnutzung der dargebotenen Informationen bzw. durch die Nutzung fehlerhafter und unvollständiger Informationen verursacht wurden, sind grundsätzlich ausgeschlossen, sofern seitens des Autors kein nachweislich vorsätzliches oder grob fahrlässiges Verschulden vorliegt. Dieses Buch ist kein Ersatz für medizinische oder professionelle Beratung und Betreuung.

Auflage 07/2018

Kontakt: Tim Ong/ Türkstr. 4/ 30167 Hannover
Coverfoto: SAHAN SVITLANA/shutterstock.com
Formatierung: Anne Davidek

Printed in Germany
by Amazon Distribution
GmbH, Leipzig

19226146R00068